公路工程施工标准化指南系列丛书

广东省公路工程施工标准化指南

第三分册 路面工程

广东省交通运输厅 组织编写

人民交通出版社股份有限公司

北 京

内 容 提 要

本指南对广东省公路工程各参建单位的路面工程施工管理、材料、设备、工艺、质量控制等提出了相关要求。本指南共分十四章，主要内容包括：总则，管理要求，集料加工与储运，级配碎石层，水泥稳定级配碎石(底)基层，热拌沥青混合料路面，SMA 路面，透层、下封层和黏层，水泥混凝土面层，桥面铺装，隧道路面，排水与附属设施，交通组织管理，改(扩)建路面。

本指南可供广东省交通运输行业主管部门、公路工程项目参建单位和参建人员使用。

图书在版编目(CIP)数据

广东省公路工程施工标准化指南. 第三分册，路面工程 / 广东省交通运输厅组织编写. — 北京：人民交通出版社股份有限公司，2021.6（2024.7重印）
ISBN 978-7-114-17050-8

Ⅰ.①广…　Ⅱ.①广…　Ⅲ.①高速公路—道路施工—标准化管理—广东—指南②高速公路—路面施工—标准化管理—广东—指南　Ⅳ.①U415.1-62②U416.204-62

中国版本图书馆 CIP 数据核字(2021)第 020021 号

Guangdong Sheng Gonglu Gongcheng Shigong Biaozhunhua Zhinan　Di-san Fence　Lumian Gongcheng

书　　名：	广东省公路工程施工标准化指南　第三分册　路面工程
著 作 者：	广东省交通运输厅
责任编辑：	韩亚楠　郭晓旭
责任校对：	孙国靖　宋佳时
责任印制：	刘高彤
出版发行：	人民交通出版社股份有限公司
地　　址：	(100011)北京市朝阳区安定门外外馆斜街 3 号
网　　址：	http://www.ccpcl.com.cn
销售电话：	(010)59757973
总 经 销：	人民交通出版社股份有限公司发行部
经　　销：	各地新华书店
印　　刷：	北京印匠彩色印刷有限公司
开　　本：	880×1230　1/16
印　　张：	9.25
字　　数：	186 千
版　　次：	2021 年 6 月　第 1 版
印　　次：	2024 年 7 月　第 4 次印刷
书　　号：	ISBN 978-7-114-17050-8
定　　价：	68.00 元

(有印刷、装订质量问题的图书由本公司负责调换)

《广东省公路工程施工标准化指南》编审委员会

主 任 委 员：黄成造

副主任委员：曹晓峰　职雨风　王　璜

委　　　员：张钱松　鲁昌河　刘永忠　胡利平
　　　　　　梅晓亮　彭伟强　单　云　兰恒水
　　　　　　洪显诚　李卫民　吴玉刚　邱　钰
　　　　　　余国红　乔　翔　成尚锋　代希华
　　　　　　吴传海　李　勇　熊　杰

《第三分册　路面工程》编写委员会

主　　　编：吴传海

副　主　编：许新权　杨　雷

编　　　写：李善强　谢光宁　伍　宇　范　倩
　　　　　　严　超　包聪灵　蔡正森　周　勇
　　　　　　刘　锋　陈楚鹏　刘新海　王敬飞
　　　　　　饶志勇　李伟雄　洪　旋　苏　敏
　　　　　　熊春龙　杨　军　黄红明　郭月芹
　　　　　　刘浩亮　余　峰

前言
FOREWORD

加快推进现代工程建设管理,是公路行业坚持新发展理念,牢牢把握交通"先行官"定位,构建安全、便捷、高效、绿色、经济现代化综合交通体系的生动实践和有力抓手。近年来,广东省交通运输系统进一步转变发展方式,深入贯彻落实《交通强国建设纲要》及公路建设管理"五化"(发展理念人本化、项目管理专业化、工程施工标准化、管理手段信息化、日常管理精细化)要求,全面提升公路工程建设管理水平,有力支撑广东交通高质量跨越式发展。截至2020年底,广东省公路通车里程达22.2万公里,其中高速公路在全国率先突破1万公里。

2010年以来,广东省创新开展公路建设标准化管理的实施活动,组织开展施工标准化工作,形成《广东省公路工程施工标准化指南》(以下简称《指南》),初步构建了公路建设管理的标准化体系,成功建成了港珠澳大桥、南沙大桥、汕昆高速、汕湛高速等一批优质工程。为进一步提高广东省公路建设管理水平,创建"品质工程",广东省交通运输厅组织技术攻关,在全面、系统总结10年来高速公路标准化管理、品质工程创建、绿色公路建设等经验基础上,对《指南》进行了修编。

本次修编的主要特点:一是注重管理和技术相结合,强化参建各方职责,规范建设管理程序,明确施工控制环节的技术和质量要求。二是坚持目标导向和问题导向相结合。针对薄弱环节,提出行之有效的措施,着力解决工程中的质量通病。三是兼顾实用性和先进性。有关管理要求和技术标准既符合实际可执行,又适度超前力求先进。四是注重创新技术在公路行业的推广应用。倡导微创新和新技术、新工艺、新材料、新设备的科学合理应用,提高管理水平、工程品质和工作效能。

修编后《指南》共分八个分册,包括综合管理及工地建设、路基工程、路面工程、桥涵工程、隧道工程、交通安全设施工程、机电工程、公路房建工程,其中公路房建工程分册另行印发。修编以国家及行业现行法律法规、标准规范为依据,全面总结广东省高速公路标准化管理、品质工程、绿色公路建设经验,对标准化施工的方方面面进行了明确、细致规定,可作为参建单位日常工作的行动指南。

本书为《指南》第三分册,对路面工程施工管理、材料、设备、工艺、质量控制等提出了具体要求,注重管理和技术相结合及内容的体系化与完整性;同时,融入了先进的设备、工艺、检测手段、监控方法,旨在克服路面质量通病、保证路面工程质量、提高路面耐久性。

《指南》修编过程中,得到了广东省交通集团有限公司、佛山市交通运输局、广东省南粤交通投资建设有限公司、广东省公路建设有限公司、广东华路交通科技有限公司、广东省路桥建设发展有限公司、广东省高速公路有限公司、广东交通实业投资有限公司、佛山市路桥建设有限公司等单位的大力支持。广东省南粤交通龙怀高速公路管理中心龙连管理处、广东云茂高速公路有限公司、广东惠清高速公路有限公司、广东潮惠高速公路有限公司、广东新粤交通投资有限公司、广东路路通有限公司、众为工程咨询有限公司、广东省高速公路有限公司开阳扩建管理处等共同参与了《指南》的修编工作。在此一并表示感谢。

《指南》可供全省交通运输主管部门、公路工程项目参建单位和参建人员使用,使用过程中发现的问题和意见建议,请反馈至广东省交通运输厅基建管理处(地址:广州市越秀区白云路27号,邮政编码:510101)。

编　者
2021 年 4 月

Contents 目录

1 总则 1

2 管理要求 2

    2.1 一般规定 2
    2.2 技术管理 2
    2.3 人员管理 3
    2.4 设备管理 5
    2.5 材料管理 7
    2.6 信息化管理 10
    2.7 生态环保 11
    2.8 路基交验 12
    2.9 "零污染"施工 12

3 集料加工与储运 15

    3.1 一般规定 15
    3.2 集料加工 15
    3.3 集料储运 17
    3.4 质量控制 18

4 级配碎石层 20

    4.1 一般规定 20
    4.2 原材料及配合比设计 20
    4.3 试验段铺筑 21

	4.4	施工工艺	22
	4.5	质量控制	24

5 水泥稳定级配碎石(底)基层 — 25

	5.1	一般规定	25
	5.2	原材料要求	25
	5.3	配合比设计	26
	5.4	试验段铺筑	27
	5.5	施工工艺	27
	5.6	质量控制	31
	5.7	裂缝预防及处理	32

6 热拌沥青混合料路面 — 35

	6.1	一般规定	35
	6.2	原材料要求	35
	6.3	配合比设计	38
	6.4	试验段铺筑	41
	6.5	施工工艺	42
	6.6	质量控制	46

7 SMA路面 — 51

	7.1	一般规定	51
	7.2	原材料要求	51
	7.3	配合比设计	52
	7.4	试验段铺筑	53
	7.5	施工工艺	54
	7.6	质量控制	57

8 透层、下封层和黏层 — 58

	8.1	透层	58
	8.2	下封层	59
	8.3	黏层	61

9 水泥混凝土面层 — 63

- 9.1 一般规定 — 63
- 9.2 原材料要求 — 63
- 9.3 配合比设计 — 65
- 9.4 施工工艺 — 65
- 9.5 质量控制 — 75

10 桥面铺装 — 78

- 10.1 一般规定 — 78
- 10.2 水泥混凝土桥面铺装 — 78
- 10.3 沥青混凝土桥面铺装 — 82

11 隧道路面 — 86

- 11.1 一般规定 — 86
- 11.2 水泥混凝土路面 — 87
- 11.3 复合式路面 — 87

12 排水与附属设施 — 90

- 12.1 一般规定 — 90
- 12.2 路表排水 — 90
- 12.3 中央分隔带排水 — 91
- 12.4 结构层内部排水 — 92
- 12.5 路缘石 — 92

13 交通组织管理 — 94

- 13.1 一般规定 — 94
- 13.2 交叉施工安全指引 — 95
- 13.3 交通组织指引 — 97

14 改(扩)建路面 — 99

- 14.1 一般规定 — 99
- 14.2 既有道路路面病害处治 — 99

14.3	硬路肩铣刨及路面拼接	100
14.4	再生利用	100
14.5	路面排水改造	101

附录A 路面试验段总结报告编写要求 — 102

A.1	垫层、底基层、基层试铺	102
A.2	沥青路面面层试铺	103
A.3	水泥混凝土路面试铺	104

附录B 沥青质量管理办法 — 106

B.1	沥青供应管理	106
B.2	沥青运输及装卸管理	107
B.3	沥青的验收及外观鉴定	108
B.4	沥青仓库、保管、堆放	109

附录C 拌和楼信息化管理系统报警触发条件 — 110

附录D SBS改性沥青中SBS含量测定(红外光谱法) — 112

D.1	目的与适用范围	112
D.2	原理	112
D.3	仪具与材料技术要求	113
D.4	方法与步骤	113
D.5	改性沥青 SBS 含量测试与计算	115
D.6	报告	115
D.7	允许误差	115

附录E SMA配合比设计方法 — 116

E.1	一般规定	116
E.2	SMA 配合比设计步骤	117
E.3	SMA-13 目标配合比设计实例	119

附录F 三维探地雷达探测既有道路路面病害及结构层厚度方法 — 123

| F.1 | 适用范围 | 123 |

F.2 仪具技术要求 …………………………………………………………… 123
F.3 方法与步骤 ……………………………………………………………… 123
F.4 数据处理 ………………………………………………………………… 124
F.5 报告 ……………………………………………………………………… 126

附录G 质量通病及防治　　　127

G.1 水泥稳定级配碎石基层松散 …………………………………………… 127
G.2 水泥稳定级配碎石(底)基层开裂严重 ………………………………… 127
G.3 路面结构层整体性差 …………………………………………………… 128
G.4 沥青混合料离析 ………………………………………………………… 129
G.5 沥青路面坑槽类损坏 …………………………………………………… 129
G.6 沥青路面车辙类损坏 …………………………………………………… 130
G.7 沥青路面抗滑耐久性不足 ……………………………………………… 130
G.8 沥青路面平整度不佳 …………………………………………………… 131
G.9 水泥路面平整度不佳 …………………………………………………… 132
G.10 水泥路面抗滑性能不足 ………………………………………………… 132
G.11 路面拼接不良 …………………………………………………………… 133

1 总则

1.0.1 为全面推进现代工程管理,打造公路工程"平安百年品质工程",规范公路路面工程施工,提高管理水平,克服质量通病,保证施工质量,提高路面耐久性,结合广东省公路建设实际情况,制定本指南。

1.0.2 本指南主要依据国家、交通运输部、广东省、工程建设标准化协会等颁布的相关标准、规范、规程、指南、文件及行业内成熟先进施工经验和管理经验编制。依据文件如有更新,以最新文件为准。

1.0.3 本指南适用于广东省新建和改(扩)建的高速公路、一级公路及建安费10亿元以上的二级公路,其他项目可参考使用。

1.0.4 本指南立足高质量发展理念,兼顾管理和技术要求,凝聚路面施工标准化成果和行业内成熟的工艺、工法以及先进的技术、管理经验,兼顾指导性和灵活性。

1.0.5 公路路面工程施工应遵循安全优质、以人为本、生态环保、资源节约的原则,并符合以下规定:

1 应服从于质量、施工环境、材料准备等相关要求,保证合理工期。

2 应推行路面"零污染"施工理念,防止路面层间污染,提高路面工程耐久性。

3 连续拌和式碾压混凝土基层施工应参照现行《公路沥青路面连续拌和式碾压混凝土基层技术规程》(T/CECS G:K32-01)执行。

2 管理要求

2.1 一般规定

2.1.1 施工单位进场后应进行现场考察,收集气象、水文及地质等资料,结合工程特点,调查沿线料源分布和交通状况,落实水泥稳定级配碎石、沥青混凝土、水泥混凝土拌和站的具体位置、占地面积、平面布置及变压器的安装位置等工作,并汇编调查报告和临时工程建设方案,报请监理工程师批准后,进行驻地布置和建设。

2.1.2 路面施工项目经理部、小型构件预制厂、拌和站建设应符合招标文件和《广东省公路工程施工标准化指南 第一分册 综合管理及工地建设》的要求。

2.1.3 路面施工作业应安排专业化队伍进行,施工前应根据施工合同、施工进度计划、施工技术水平等制订详细的劳动力及设备使用计划,并及时组织进场,以满足施工需要。

2.1.4 在试验段开始至少14d前,施工单位应提出铺筑试验路段的施工方案并报送监理工程师审批、建设单位同意。施工方案应包括施工人员、机械设备、材料检测结果、配合比设计、配合比验证、施工工艺等详细说明。

2.1.5 路面各结构层正式施工前应铺筑试验段,并根据试验段总结指导后续施工。沥青面层施工应进行两阶段验证工作,分别开展试拌和试铺工作。试验段总结报告的内容主要包括:施工概况、施工方案(含施工设备、仪器、人员、施工组织、材料、配合比、施工工艺等)、质量保证措施、检测数据、安全文明施工、应急预案、缺陷分析及采取的整改措施、效果评价及结论等。试验段总结报告编写要求应符合本指南附录A的有关要求。

2.2 技术管理

2.2.1 开工前,施工单位应对设计文件进行复核,对设计中存在的问题及时提请设计单位解决,并参加建设单位组织的设计技术交底。

2.2.2 施工单位应在签订合同协议书后28d内完成项目施工策划,并及时编制实施性施工组织设计,其内容按照《广东省高速公路工程施工组织设计和施工方案标准化管理指南》执行。

2.2.3 开工前,施工单位应根据现行《公路工程质量检验评定标准 第一册 土建工程》(JTG F80/1)编制本项目"单位、分部、分项工程的划分表",书面报送监理工程师审批,作为工程内业资料编制的依据之一。

2.2.4 开工前,施工单位应将《总体开工报告》报送监理工程师审批,其内容应包括:项目经理部组织机构、质量保证体系、安全生产责任体系和劳动力安排,材料、机械及检测仪器设备进场情况,水电供应,临时设施的修建,施工方案准备情况、安全保障措施、环境保护措施等。

2.2.5 施工单位应在分部或分项工程开工前14d,向监理工程师提交分部分项工程开工报告,其内容应包括:施工地段与/或工程名称、现场负责人名单、施工组织和劳动力安排、材料供应及机械进场等情况、材料试验及质量检查手段、水电供应、临时工程的修建、施工方案进度计划及其他需要说明的事项。

2.2.6 工地试验室开展试验检测工作前应按照规定完成登记备案,并对试验仪器进行标定。

2.3 人员管理

2.3.1 建设单位

1 项目建设单位应牵头成立专门的路面管理组,负责路面施工过程中的协调与质量控制。

2 路面管理组应由项目建设、监理、检测、施工、咨询等单位的相关负责人组成。

3 路面管理组应对项目全线各标段的路面施工质量及时进行巡查,发现问题立即整改。

4 项目建设单位应有计划地组织路面施工技术培训,提高路面管理组成员的专业知识和管理水平,以便更好服务于路面工程施工。

2.3.2 监理单位

1 监理单位应按照路面工程监理模式和现场监理工作的实际需要,配备符合资格和数量要求的路面专业监理工程师和监理员。项目监理员配置人数应满足路面工程施工管理的要求。

2 监理单位实行路面工程监理工程师岗位责任制,总监理工程师、副总监理工程师、驻地高级监理工程师、路面监理工程师以及旁站监理等人员应通过建设单位的考核;考核不合格的,应及时更换。

3 监理单位应组织路面工程监理人员进行岗前技术交底与技术教育培训,以掌握路面工程有关规范、标准、规程对质量管理工作的要求,了解和掌握路面工程新技术的发展动态。

2.3.3 检测中心

1 检测中心应配备符合资格和数量要求的检测工程师和助理检测工程师。配置人数应满足路面工程施工管理的要求。

2 检测中心主任、检测工程师及助理检测工程师等人员应通过建设单位的考核;考核不合格的,应及时更换。

3 检测中心应组织路面工程检测人员进行各种形式的技术培训学习,以掌握路面工程有关规范、标准、规程对质量管理工作的要求,了解和掌握路面工程新技术的发展动态。

2.3.4 施工单位

1 施工单位在投标文件中列报的主要工程技术人员应全部到位并常驻现场进行管理,保持其岗位的相对稳定性。

2 施工单位如需更换主要工程技术人员,应事先得到建设单位的批准,且更换人员与被更换人员相比应拥有同等及以上资历。如经监理工程师考核已委派人员的工作能力和业务水平不称职,经建设单位同意需要撤换时,施工单位应在接到通知后,尽快更换为合格的人员。

3 推行施工人员实名认证制度。施工单位应向监理工程师提供拟在工程项目任职的施工人员名单,监理工程师应对符合资格要求的施工员进行登记造册,颁发施工员证并定期组织施工考勤。

4 施工人员(现场施工和试验检测等人员)应通过建设单位的能力考核,考核不合格的,应及时更换。

5 每个正在进行施工的工点应有足够的施工管理人员在现场。施工员必须佩戴项目施工员证上岗,未按要求佩戴的视为不在岗。

6 施工单位相关技术人员应积极参加建设单位或监理单位举办的培训和专业讲座,且应自行举办专业知识培训,以提高路面施工人员的管理和技术水平。

2.3.5 设计单位

1 设计单位在路面工程施工过程中应派驻路面工程设计代表至少1人(工程师及以上职称),并书面向建设单位明确驻现场设计代表工作职责与权限。路面设计代表应随时掌握施工现场情况,配合施工并解决施工过程中发现的技术问题。

2 设计单位如需更换上述人员,应事先得到建设单位的批准,且更换人员与被更换人员相比应拥有同等及以上资历。

2.3.6 咨询单位(如有)

1 咨询单位应成立现场技术咨询服务组,每个路面咨询标段应配备足够的常驻现场技术咨询人员。

2 咨询单位如需更换上述人员,应事先得到建设单位的批准,且更换人员与被更换人员相比应拥有同等及以上资历。

2.4 设备管理

2.4.1 一般规定

1 路面施工机械设备应实行准入制。机械设备进场之前,施工单位应将机械设备的品牌、型号、性能及使用情况的详细资料报监理工程师和建设单位审批,审批同意后方可进场。

2 路面工程应树立"以设计选设备,以设备保工艺,以工艺保质量"的指导思想,施工单位应严格按照合同要求和施工需要投入足够的施工设备,同时根据《广东省公路水运工程工地试验室标准化建设指南》等相关文件的要求,投入必要的试验检测设备。

3 路面工程开工前,施工单位应按合同要求和生产需要,配置、安装和调试所使用的重要施工设备,并经调试证明其处于性能良好状态。摊铺机、压路机应至少有备用设备各1套,重要施工机械设备的消耗部件等应根据实际情况购置备用。

2.4.2 水泥稳定碎石拌和机

1 应根据工程规模、项目特点、施工进度要求配置拌和机的类型和数量。连续式拌和机应采用两个长度均大于3m的拌缸串联拌和,且其中一个拌缸宜采用振动拌缸。也可采用一个4.5m以上的振动拌缸进行拌和。

2 应选用设备性能良好的水泥稳定碎石拌和机,单机额定生产能力不低于600t/h,采用五仓式自动计量,具备计算机控制及打印功能。

3 料斗、水箱、罐仓都应装配高精度电子动态计量器,电子动态计量器应经有资质的计量部门计量标定合格后方可使用。

4 每台水泥稳定碎石拌和机应配备容量不少于80t的钢制水泥罐仓,且罐仓的数量不少于3个,罐仓内应配有水泥破拱器,以免水泥起拱停流。

5 水泥稳定碎石拌和机上料斗、传送带应采用雨棚遮盖。

6 在拌和机下料斗传送带前宜增设挡板,减少混合料抛撒,防止离析。

2.4.3 沥青混合料拌和楼

1 沥青混合料拌和应采用技术先进、品牌成熟的4000型及以上的间歇式拌和楼,设备性能良好,额定生产能力不低于320t/h。

2 沥青混合料拌和楼宜采用天然气等清洁燃料代替柴油、重油等高污染燃料,通过技术改进,减少SO_2、燃烧残留污染物的产生,减少CO_2排放量。

3 拌和楼操作系统的生产控制软件应与其原品牌相一致,不得更换为其他品牌软件或改写。

4 拌和楼应至少配置5个自动式计量的冷料仓、5个热料仓、2个粉料罐,配备电子重量传感器和红外线温度传感器,准确控制材料数量和温度。电子秤和温度传感器等必须经计量单位标定合格后方可使用。

5 矿粉、水泥等填料应采用单独专用罐,并有自动计量设备。

6 沥青混合料拌和应由计算机控制,能逐盘打印集料和沥青的加热温度、混合料的拌和温度、材料用量和每盘混合料的重量等。

7 拌和楼热料仓计量系统应经计量认证并合格。

8 拌和楼各种材料的实际称量动态示值误差要求:沥青 ±2%、矿粉 ±5%、集料 ±5%。

9 应定期检查拌缸衬板与拌和叶片的磨损程度并及时更换。

10 当同一拌和站采用2台及以上拌和楼时,拌和楼的厂商、型号宜相同,且拌和楼应分别进行生产配合比设计,保证其生产的沥青混合料性能一致。

11 每台拌和楼应配置6个50t以上的具有保温和加热功能的沥青罐,有防离析要求的沥青材料应有自动搅拌或自循环装置。

12 拌和楼应配备二次除尘和环保设备。

13 拌和楼宜配备200t以上的保温储料成品仓。

2.4.4 水泥混凝土拌和楼

1 水泥混凝土拌和应采用计算机配料的强制双卧轴或强制行星立轴的间歇式拌和楼,设备性能良好,拌和楼单机生产能力不低于120m³/h。如果采用滑模摊铺机施工,则配置的拌和楼单机生产能力不低于180m³/h,每个标段的水泥混凝土生产能力不得低于240m³/h。

2 拌和楼应至少配置4个计量准确的冷料仓,严禁在一个冷料仓中混装2档及以上集料。应按照摊铺机摊铺宽度和1m/min的摊铺速度配置水泥混凝土拌和楼。当采用2台及以上拌和楼时,宜使用同一厂商、同一型号。

3 水泥混凝土拌和楼应采用质量法自动计量,水、外加剂均应采用全自动电子称量法计量,计量系统须经计量标定合格。计量允许误差要求:水泥 ±1%、砂 ±2%、粗集料 ±2%、水 ±1%、外加剂 ±1%。拌和楼应具备计算机控制及打印功能。

4 每台水泥混凝土拌和楼应配备容量不少于80t的钢制水泥罐仓且罐仓的数量不少于4个。罐仓内应配有水泥破拱器,以免水泥起拱停流。水泥罐上宜设置温度传感器及喷淋降温系统,能对罐内水泥进行温度监控及有效降温。温度传感器等须经计量单位标定合格。

2.4.5 摊铺设备

1 水泥稳定级配碎石基层摊铺宜采用水泥稳定土摊铺机,也可采用沥青混凝土摊铺机,每台摊铺机的功率应达到130kW以上。当采用两台摊铺机并排摊铺时,两台摊铺机的摊铺能力和型号宜相同。

2 沥青混合料摊铺可采用两台摊铺机梯队并机摊铺作业,也可采用一台摊铺机全幅摊铺作业。当采用并机梯次摊铺时,摊铺机必须为同一机型,新旧程度和性能相近,以保证铺筑均匀性、一致性。

3 在沥青路面主线摊铺应采用熨平板固定式摊铺机,在匝道、服务区以及变宽路段可使用可伸缩式摊铺机,熨平板加热装置宜采用电加热方式。

2.4.6 碾压设备

1 双向四车道公路水泥稳定级配碎石(底)基层施工,每个工作面应至少配备大于26t的单钢轮重型压路机2台,12~14t双钢轮压路机2台,26t轮胎压路机1台,必要时配1台小型压路机进行边部碾压。

2 双向四车道公路沥青路面施工,每个作业面宜配备3台[沥青玛蹄脂碎石混合料(Stone Mastic Asphalt,SMA)宜配置5台]12~14t的双钢轮振动压路机或振荡压路机、2台26~30t带自动喷淋系统的轮胎压路机及1台小型压路机(压边)进行碾压作业。

3 双向四车道以上的公路,宜按车道的比例增加碾压设备的数量。

2.5 材料管理

2.5.1 一般规定

1 路面工程所使用的集料、沥青、水泥及钢筋等材料应实行准入制。在路面原材料进场之前应将产地、品牌、型号、数量、检验结果等详细资料报监理单位和建设单位审批,审批同意后方可进场。

2 应加强对沥青、水泥、集料、矿粉、乳化沥青、外加剂等主要原材料的质量控制。不论原材料采用何种形式进行供应,施工单位均应严格自检,确保质量;试验数据宜进行信息化管理,不得将不合格的原材料用于工程或变相用于工程。

3 建设单位应组织施工、监理、检测单位对沿线的石场进行实地调查,结合石场运距、生产能力、加工工艺、价格、质量等指标,选择适合于沥青面层、水泥混凝土面层和水泥稳定级配碎石基层用的碎石供应石场。

4 应充分利用石质挖方、隧道洞渣生产路面集料,宜建立集料集中破碎加工中心,降低建设成本、节约弃渣占地。

5 各结构层正式施工前,材料储量应满足连续施工的需要。高速公路基层集料备料应达到该结构层所需总量30%以上,沥青混凝土面层集料应达到该结构层所需总量的40%以上;其他等级公路基层集料备料应达到该结构层所需总量20%以上,沥青混凝土面层集料应达到该结构层所需总量的30%以上。

6 建设单位应建立沥青及沥青混凝土使用台账,及时进行沥青实际用量和设计用量的校核,确保沥青含量及沥青混凝土摊铺厚度的偏差控制在2%之内。

2.5.2 集料管理

1 确定集料的料场前,施工单位应先评估石料的岩性、岩质均匀性及储量,由监理单位、检测中心、建设单位联合取样,进行原材料的全套试验检测评价。

2 料场评估和抽检满足要求后,施工单位应将评估情况、试验检测结果、生产线配置与产能、加工设备型号以及场地布置等书面上报监理单位和建设单位,由建设单位组织对料场进行实地考察和评价,经建设单位同意、监理单位书面批准后方可选用。

3 施工单位应指定专职材料管理员与试验检测人员监管石(砂)场运转情况,定期检测集料性能指标。监理工程师应对石料从生产到使用的全过程进行严格监理,认真履行监理职责。

4 建设单位应对施工单位和监理单位进行全过程监管,对石料加工场、拌和站堆料场碎石进行不定期抽检。若抽检发现碎石指标未达到有关技术要求,而监理工程师未及时向建设单位反映,除对施工单位按照有关规定进行处罚外,还要追究石场与拌和站驻地监理人员及监理单位的责任。

5 集料生产时,施工单位应在面层石场建立简易试验室,施工单位、监理单位应各派专人至面层石场对集料加工进行全过程监督和质量抽检。驻石场人员的主要工作内容应包括:

1) 从源头控制块石质量,确保块石符合加工质量要求,督促石场对块石进行分拣和验收,同时督促石场自检,防止成品料污染,确保出场集料的质量。

2) 在石料加工现场对成品集料进行抽检,检测频率为每个生产日不少于一次。试验项目包括各档集料的级配、针片状颗粒含量、含泥量及砂当量等常规指标,并对相关检测结果建立台账进行汇总。

3) 经常性地对生产区域进行巡查,对存在质量异议及污染的集料进行相关试验检测,检测不合格的集料应清理出场。

4) 做好碎石生产监督记录,每天对碎石生产起止时间、停顿时间、停顿原因、生产数量及质量情况做如实记录,发现问题及时向监理单位和建设单位反映。

5) 建立出厂合格证制度,出厂集料应有各方签认的合格证。

6 集料进场后,施工单位应向监理工程师提交检测报告,检测合格并经监理工程师批准方可使用。

7 施工单位应配备材料专职管理人员负责拌和站原材料的质量和数量管理。专职材料管理员负责建立材料管理台账,每10d统计1次各种规格材料的数量、自检结果、料源生产情况及不合格材料处理情况,并由驻地监理工程师签认。

8 施工单位不得随意改变集料的来源,未经批准的材料不得用于所建项目。监理工程师应对集料生产使用的全过程进行严格监督,切实加强巡查和抽检力度,建立原材料抽检台账,认真履行监理职责。监理单位应根据施工单位在加工场地、拌和站的自检结果,按规定频率抽检,合格后该批原材料方可使用。

9 施工单位应在后场拌和站安装原材料视频监控系统,有条件的情况下在石场安装视频监控系统,监控材料的加工及使用情况。

2.5.3 沥青管理

1 供应给施工单位的沥青应具有齐全的质保证明,并按相应的标准和试验规程进行材料性能试验或质量检验,其质量应符合本指南的规定,不合格材料不得用于路面工程。

2 对运输到工地现场的改性沥青,供应商应随车提供每一生产批次检验的全套指标和PG分级试验结果,同时应进行沥青四组分含量检测试验指标对比,并注明改性沥青生产批次、生产日期和保质期等。

3 为确保用于路面工程的沥青材料质量,建设单位应组织监理单位、施工单位专人进驻普通沥青库和改性沥青加工厂,监管进库储存的沥青。驻库人员负责储存罐的铅封、记录储存罐进库数量和调拨数量;监督改性沥青的加工生产、质量监控、成品抽检;收集沥青运送单,协调发货计划和运输,监管沥青中转过程。

4 沥青供应商应在沥青运输车辆上加装卫星定位系统。建设单位、监理单位和施工单位可随时通过网络对运输车辆进行监控,确保沥青运输车辆为项目既定车辆。

5 沥青质量管理办法具体见本指南附录B。

2.5.4 水泥、钢筋管理

1 水泥、钢筋材料应具有齐全的质保证明,并按相应的标准进行材料性能试验或质量检验,其质量应符合相关规范的要求。

2 运输到工地现场的水泥、钢筋材料,供应商应随车提供全套指标试验结果,并注明生产批次、生产日期和保质期等。

3 供应商负责将材料运到施工单位指定的仓库,施工单位应积极配合,及时卸货。

4 不同品种、规格的水泥不得混运;钢筋运送的规格、型号应用鲜明标示加以区分。

5 建设单位应将备案授权的供应商管理人员、施工单位材料管理员、公章样式以扫描件发送给相关单位,送货签收单据应由已上报建设单位备案授权的供应商管理人员及施工单位材料管理员签字并加盖授权公章。

6 每批材料应根据其品种、标号、批号等分批进行外观检查、试验和鉴定。试验取样应由监理从不同堆放位置抽取等量水泥送至检测中心按相关要求进行试验。

7 水泥的存放、储存应符合下列规定:

1)水泥入罐(库)存放不得超过3个月,若超过3个月,应重新检测各项指标;检测结果不符合要求时,应在有监理旁站的情况下进行清场。

2)包装水泥不得露天堆放,库房应干燥,地面垫板离地30cm,四周离墙30cm,堆放高度不大于10袋,按照到货先后依次堆放,尽量做到先到先用。

3)水泥存放过期或受潮结块,应立即清理出现场,严禁使用。

8 钢筋的存放、储存应符合以下规定:

1)钢筋运到现场后,应按不同等级、牌号、直径、长度分别挂牌堆放整齐,并随用随注明其数量。

2)钢筋应堆放于仓库或料棚内,保证不受雨水侵蚀。

3)不得与酸、盐、油类等腐蚀性物品堆放一起。

9 供应商对施工单位自检、检测中心抽检的材料质量的检测结果有异议时,应由各方共同提交双方认可的第三方检测机构进行复检;如检测不符合材料质量要求,供应商应无条件收回该批材料。

10　施工单位每季度应对材料的供应、库存和用于工程实体中设计材料用量进行统计汇总,将上季度相关资料提交监理、建设单位核实,材料实际用量(含库存)应与施工图数量相一致。

2.5.5　材料管理

非甲供材料(如集料、矿粉、土工材料以及外加剂等)采购应符合招标文件要求,质量应符合国家强制性标准与本指南的规定。

2.6　信息化管理

2.6.1　一般规定

1　建设单位应组织制定路面信息化管理的实施方案,路面施工信息化管理系统包括后场拌和站信息化管理、前场施工信息化管理和工地试验室信息化管理。

2　建设单位应组织路面管理相关人员对设备监控参数进行合理设定,提高信息化监控的实用性、高效性和准确性。

3　信息化监控系统实施单位技术人员应指导施工单位、监理单位、检测中心人员熟练使用系统,并对系统进行日常维护,保证信息化监控系统的正常运行。

4　施工单位应保证信息化监控系统运行正常,不得以断网、断电等方式破坏系统正常运行,不得借故关闭信息化监控系统或自行拆除监控设备。

5　沥青混合料运输宜安装信息化监控系统,监控运输车辆行驶路线及该车沥青混合料所施工的路段等。

2.6.2　后场拌和站信息化管理

1　施工单位进场的拌和楼或拌和机应能满足安装质量监控系统的一切条件。施工单位应为系统安装调试提供便利条件,不得以任何借口拒不安装质量监控系统。

2　沥青混合料拌和楼、水泥稳定碎石拌和机、水泥混凝土拌和楼信息化管理系统的监控内容及报警触发条件应符合本指南附录C的有关规定。

3　为保证数据的正常传输,应确保网络畅通,宜采用有线网络,条件不具备时可采用移动网络。

4　沥青混合料拌和楼监控系统应具备自动选择沥青混合料类型的功能,防止沥青拌和楼所生产的混合料类型与设定的配合比不符。

5　监控系统应能随拌和楼运行而自动运行,监控系统所采用的硬件及软件应稳定耐用,并具备一定的储存能力。

6　监控系统应具有短信报警功能,报警短信应能及时发送到设定的相关管理人员的手机中。接到报警短信后,应及时查找原因,并将产生的原因及改进措施上报各单位相关负责人。

2.6.3　前场施工工艺信息化管理

1　沥青路面前场施工工艺信息化管理系统应至少包括摊铺位置桩号、摊铺速度、摊铺温度、碾压速度、碾压温度、碾压遍数等实时反馈现场施工情况的信息展示及分析功能,实现现场辅助管理和远程实时监控。

2 施工单位采用的摊铺机、压路机应满足安装监控系统的要求,施工单位不得以任何借口拒不安装监控系统。

3 监控系统所采用的硬件应耐高温、防雨水,稳定性应满足现场施工的需要。

4 施工单位应保证前场施工工艺监控系统的正常运行,宜将监控系统设置为随摊铺机或压路机的开机自动启动。

5 监控系统所采用的硬件应具备一定的储存能力;当施工路段无网络时,采集的数据可暂时储存在硬件中,在网络联通后再一起上传。原则上,数据应实时上传。

6 前场施工工艺监控系统应具有短信报警功能,报警短信应能及时发送到设定的相关管理人员的手机中。接到报警短信后,应及时查找原因,并将产生的原因及改进措施上报各单位相关负责人。

2.6.4 试验室信息化管理

1 工地试验室信息化管理系统应能实现重要试验数据的自动采集和实时传输,具有提醒、分析、统计和监控等功能,确保数据真实可靠、试验过程规范、结果能够追溯。

2 重要试验除应进行数据自动采集和实时传输外,还应针对试验过程进行录像,确保样品、试验数据、试验录像一一对应。自动采集的数据及录像均作为原始记录留存。

3 试验室监控系统应24h开启,工地试验室宜采用带宽独享10M及以上独立网络,不得同办公网络混用,保证试验数据实时上传,并确保数据采集、传输、视频监控正常。

4 试验室信息化管理系统应具有短信报警功能,报警短信应能及时发送到设定的相关管理人员的手机中。接到报警短信后,应及时查找原因,并将产生的原因及改进措施上报各单位相关负责人。

5 施工单位应在原材料及沥青面层相关指标检测完成12h内,将检测结果上传到相应的台账系统中。

2.7 生态环保

2.7.1 正式施工前,应对所有进场工作人员进行环保教育,增强环保意识。

2.7.2 宜推行分段连续"零污染"施工管理,路面工程施工应协调处理好与机电、房建、绿化、安全设施、防护等工程的交叉施工,减少对路面和其他已完成工程的污染。

2.7.3 施工材料运输车辆应采取有效的封闭措施,防止材料沿途泄漏和扬尘。

2.7.4 施工便道、场区道路应洒水保持湿润,避免扬尘。

2.7.5 施工废料、废水和生活垃圾应于指定地点堆放、排放,避免污染环境。

2.7.6 应严格控制机械设备废气、粉尘的排放,使其符合国家规定的环保标准。

2.7.7 应加强路面养生及交通管制工作,保持施工路面的干净、整洁。当拌和站、停车区和服务区的施工车辆无法避免与路面工程交叉施工时,应在进出口处设置轮胎冲洗设施,其面积和配套设施应满足使用要求,污水应集中排放。

2.7.8　路面施工单位应负责施工便道(桥)、拌和站内外及高速公路进出口一定范围内的环境卫生,同时对已完成的路面进行经常性巡查,对所有进入施工现场的车辆进行轮胎干净程度的检查,并严禁直接在任何路面结构层上堆放砂石、拌和砂浆等,一旦发现问题应及时采取措施,确保路面不受污染。

2.8　路基交验

2.8.1　路基交验应落实"全断面交验"。所移交的路基段落内路槽、边坡防护、路肩墙、边沟、预埋管道、桥涵(包括铺装层、伸缩缝预留槽、搭板、过渡板)、隧道(包括洞门墙、进出口路面、洞口搭板、过渡板、洞口转向车道)等宜全部完成。原则上,交验路段连续长度宜不小于2km。

2.8.2　路基交验应一次性交验到桥头台背位置,桥头搭板、过渡板宜由路面施工单位统一实施。

2.8.3　服务区和停车区路面、路堑边沟宜与路面工程一体设计、实施。

2.8.4　挖方段排水边沟下面的排水盲沟应与级配碎石层连通,保证路基粒料改善层排水顺畅。

2.8.5　路基交验宜按照路面施工计划进行。路基交验后路面施工单位应在5d内完成半幅或12d内完成全幅路基粒料改善层和底基层的施工,避免车辆行驶带起泥土污染路面。作为主要运输通道的匝道,应优先安排路基粒料改善层、水泥稳定级配碎石基层的施工。未在规定时间内施工或交验后发生路基损坏的路段,应重新进行路基交验。

2.8.6　路基移交必须在路基施工单位自检合格、监理单位和检测中心抽检合格、质监部门抽检合格后进行,应由建设单位、监理单位、检测中心、路基和路面施工单位等各方参加并确认。移交过程中发现的问题应按国家和行业现行有关标准的规定和设计要求及时处理到位。路基移交时,互通区、服务区等进出口的主线渐变段应与主线同步移交。

2.8.7　应按照现行《公路工程质量检验评定标准　第一册　土建工程》(JTG F80/1)所规定的检查项目、方法、频率和设计要求对路基进行交验。对于主线渐变段、主线弯桥、互通区匝道等特殊路段的外形尺寸和高程,台背回填质量,路基(含桥涵、隧道)防排水设施的预埋预设,路基路面排水系统的衔接,伸缩缝预埋钢筋及搭板、过渡板等应进行重点检查。

2.8.8　应加强工作面交验管理,确保软基沉降、桥面平整度、高程、中线偏位、路基弯沉值等指标满足交验要求。

2.9　"零污染"施工

2.9.1　为提升公路建设标准化管理水平,实现路面施工精细化、有序化作业,防止交叉施工对路面造成二次污染,提升筑路水平与形象,争创高速公路路面品质工程,宜推行分段连续"零污染"施工管理。

2.9.2 建设单位应成立路面"零污染"管理机构,负责路面施工过程中各阶段污染防治工作的统筹、协调、督促及清查工作,落实路面"零污染"管理要求,将污染防治列入工程管理范畴,逐级建立健全"零污染"管理责任制。

2.9.3 建设单位应制定"零污染"施工管理办法,污染防治工作做到有计划、有目标、有检查、有考核、有奖惩。

2.9.4 路面施工单位进场后,应根据工程具体情况对施工污染源进行确认,在正式施工前向监理工程师提交路面"零污染"施工方案并报备建设单位。

2.9.5 路面施工单位应通过施工组织开展"零污染"施工。路基上、下边坡防护与绿化、排水工程宜在该段落水泥稳定级配碎石层施工前完成,护栏底座、中央分隔带填土、土路肩填土等容易污染路面的工序应在下封层施工前全部完成。

2.9.6 路面工程开始施工后,路基、路面等施工单位应在所有进入路面现场的施工便道口设置固定或移动式洗车池(图2.9.6-1、图2.9.6-2),并处理好洗车槽的污水排放和更换工作。

图2.9.6-1 移动式洗车池

图2.9.6-2 固定式洗车池

2.9.7 建设单位和监理单位应对照"零污染"施工方案督促施工单位有针对性地组织人员、设备采取防治措施(图2.9.7-1、图2.9.7-2),合理安排施工工序、加大交叉施工协调力度、加强施工通道的清洁和交通管制等,实现路面施工"零污染"的目标。

图2.9.7-1 采用土工布覆盖中央分隔带防污染

图2.9.7-2 沥青面层施工前碾压设备垫土工布

2.9.8 应加强施工人员"零污染"理念宣贯教育,做好污染防治技术交底,督促污染防治各项措施落到实处。

2.9.9 应处理好机电、房建、绿化、交通安全设施、防护工程等交叉施工项目与路面工程的关系,减少路面污染。

2.9.10 沥青路面开始施工作业后,建设单位应每7d组织对沿线各标段所有施工作业设备进行排查,对在路面区域作业的所有设备的防渗漏油措施进行检查,将存在漏油隐患设备清除出场,严禁漏油设备进入施工现场。

3 集料加工与储运

3.1 一般规定

3.1.1 路基粒料改善层和水泥稳定级配碎石基层(底)基层集料可选用石灰岩、变质砂岩、花岗岩、闪长岩等。

3.1.2 沥青中、下面层碎石可选用花岗岩、石灰岩、变质砂岩、玄武岩、闪长岩或辉绿岩等;沥青上面层集料宜优先选用磨光值高、耐磨性好、结构致密的闪长岩、辉绿岩或玄武岩。

3.1.3 应根据岩石性能、储量、允许年开采量、运输条件等,选择满足工程需求的宕口。为准确评判不同石料的适用性与石质优劣,在石场启用前应到宕口典型位置取样,进行材料成分分析与物理力学性能检测。

3.1.4 施工单位宜通过购买块石、自建集料加工生产线,生产路面集料。

3.1.5 隧道洞渣用于路面结构层时,应规范集料加工场设置。集料成品存储区应进行硬化、排水顺畅,各档集料之间应进行间隔。不同岩性、不同围岩等级的石料应分类堆放、分类加工。如隧道洞口不具备条件,应单独寻找场地进行集料的加工与堆放。

3.1.6 集料供应石场考察应包含下列重点内容:石场资质、母材岩性、石场规模(占地面积、石料储量、覆盖层厚度、备料情况等)、石场设施建设情况(排水设施、硬化情况、挡墙、水洗设备等)、加工设备(生产线、破碎工艺、除尘设备等)、生产能力、生产稳定性、加工规格、集料物理指标、出厂价、运距、运输条件等。

3.2 集料加工

3.2.1 一般规定

1 石场生产时,应去除宕口表层土、风化岩层或不合格的岩层,确保开采的块石不混杂泥土、风化岩石。

2 石场开采面应保证岩石断面清洁无泥土植被、石材质地均匀,对存在软弱夹层带的开采面,应保证生产用岩石层厚度至少大于15m,原料要求应为致密型大块岩石(粒径大于10cm)。

3 石场应进行必要的场地硬化,并做好排水措施,不同规格集料之间应设置有效间隔,防止石料混杂和污染。

4 中、上面层的细集料应采用机制砂,下面层细集料宜采用机制砂。

5 施工单位必须严格掌控机制砂的生产质量,宜自行生产机制砂,也可采用签订集料供应合同的石场所生产的机制砂。

6 水泥混凝土用细集料优先选择天然河砂,应选砂质坚硬、洁净、级配良好的河砂。河砂的采砂设备必须安装7mm筛网,砂的级配满足规范要求,细度模数为2.0~3.5,同一河砂细度模数变化范围不应超过0.3。

7 为保证粗集料规格、棱角性及控制针片状颗粒含量,应采用多级破碎工艺生产粗集料。宜统一破碎机的型号和规格,以及筛分设备的型号和筛孔尺寸,由大型石场集中加工。

8 如采用反击式破碎机加工,在集料试生产过程中可调整反击式破碎机的反击板和板锤之间间隙,使生产的集料规格符合要求。经调试好且稳定生产以后,反击板和板锤的距离不得随意改变。

9 集料生产过程中不得随意改变已确定的振动筛筛孔尺寸,筛孔磨损或筛网破损时应及时更换同规格的筛网。

3.2.2 沥青面层集料加工

1 石料破碎应采用三级及以上破碎工艺,在一级颚式破碎机进料口前,应配有5~10cm孔径筛网的振动喂料装置,预先筛除小块石及泥土、杂质。无振动喂料装置的,应在宕口或原料堆场进行筛分选料或人工选料。

2 筛分设备应满足碎石生产的规格要求,也可以根据石料物理性质、破碎工艺、振动筛放置的倾角、规格料的品种及沥青混合料类型等实际情况配置组合筛网。推荐的沥青混合料用粗集料规格及石场生产筛网按表3.2.2确定。

粗集料规格及石场生产筛网　　　表3.2.2

规格名称	石场生产筛网尺寸(mm)	公称粒径(mm)	通过下列筛孔(mm)的质量百分率(%)										
			53	37.5	31.5	26.5	19	16	13.2	9.5	4.75	2.36	0.6
S5	22~43	20~40	100	90~100	—		0~15	—		0~5			
S6	16~33	15~30	—	100	90~100	—			0~15	—	0~5		
S7C	22~33	20~30		100	90~100		0~15				0~5		
S7	22~33	19~31.5		100	90~100					0~10	0~3		
S8C	22~28	20~25		—	100	90~100	0~15				0~5		
S8	22~28	19~26.5			100	90~100			0~15		0~3		
S9	11~22/23	9.5~19				100	90~100	55~75	25~45	0~10	0~3		

续上表

规格名称	石场生产筛网尺寸(mm)	公称粒径(mm)	通过下列筛孔(mm)的质量百分率(%)										
			53	37.5	31.5	26.5	19	16	13.2	9.5	4.75	2.36	0.6
S9F	11~18	9.5~16	—	—	—	—	100	90~100	50~70	0~10	0~3	—	—
S10	11~15	9.5~13.2	—	—	—	—	—	100	90~100	0~15	0~3	—	—
S11	6~16	4.75~15	—	—	—	—	—	100	90~100	40~70	0~15	0~5	—
S12	6~11	4.75~9.5	—	—	—	—	—	—	100	90~100	0~15	0~3	—
S14	3~6	2.36~4.75	—	—	—	—	—	—	—	100	90~100	0~15	0~3

3 在破碎、振动筛等环节应采用引风式除尘设备进行除尘。

4 沥青面层集料仓应搭棚围蔽，防止集料潮湿及污染环境。

3.2.3 水泥混凝土面层和水泥稳定级配碎石基层集料加工

1 水泥混凝土面层和水泥稳定级配碎石基层的碎石加工宜采用三级破碎工艺，即采用颚式破碎机—反击式破碎机/圆锥式破碎机—反击式破碎机或立式冲击破碎机(整形机)三级破碎设备进行生产；颚式破碎机进料口前，应设置配有5~10cm孔径筛网的振动喂料装置，预先筛除小块石及泥土、杂质。

2 可根据石料物理性质、破碎工艺、振动筛放置的倾角、规格料的品种等实际情况来配置组合筛网。

3 在破碎机、振动筛等环节宜采用引风式除尘设备进行除尘。

3.2.4 机制砂加工

1 应选择石灰岩、玄武岩和辉绿岩等中性或碱性石料生产机制砂，母岩的抗压强度应大于60MPa。

2 机制砂生产应采用洁净、干燥、级配稳定的最小粒径不小于3mm的规格碎石，通过制砂机研磨生产，其工艺参数应按照母岩岩性与设备性能进行调试优化，并及时进行设备的维护，更换易磨损配件，以保证机制砂的稳定生产。

3 机制砂生产宜采用立轴式冲击破碎制砂机。

4 机制砂生产时应通过选择调整振动筛筛孔尺寸和角度控制机制砂的细度模数。

5 机制砂生产应采用干法除尘，皮带出口适量雾化降尘。

6 为防止离析，干砂料堆高度不应高于3m，机制砂落高大于1m时应安装导流装置。

7 原料及成品机制砂应搭建雨棚，保持机制砂干燥。

3.3 集料储运

3.3.1 不同岩性、产地、规格的集料应分开堆放，相互之间采用隔墙分离，严禁出现窜料和混料现象。

3.3.2 集料装运应采用大方量装载机和大吨位自卸汽车，车厢应采用篷布覆盖，防止运输过程中碎石洒落与污染环境，装运过程中，严禁泥土、风化石、树皮、草根等杂物混入。

3.3.3 料场的运输距离较远时,宜利用水路运输,提高集料运输的能力和效率,减少集料运输过程中的能源消耗,降低运输成本。

3.3.4 入场原材料应严格分档、隔离堆放。隔墙设置清仓线和限高线(图3.3.4),料堆形状宜为梯形,坡顶不得高于限高线。沥青混凝土集料、水泥混凝土集料以及水泥稳定级配碎石细集料应搭设雨棚,并增加必要的侧面围蔽,拌和楼冷料仓与储料仓宜共同搭棚,防止雨水倒流进入储料仓。

3.3.5 原材料标识牌应符合相关规定,不同规格和产地的材料应分别设置标识牌(图3.3.5),标识牌应注明材料名称、用途、规格、产地、检验时间、检验结果等内容,并根据原材料实际进场检验情况及时更新。

图3.3.4 集料储料仓示意图

图3.3.5 材料标识牌示意图

3.4 质量控制

3.4.1 集料生产时,施工单位应在石场建立简易试验室,建设单位应组织监理单位和施工单位派专人至面层石场对集料加工进行全过程监督和质量抽检。

3.4.2 沥青面层集料检测频率应为每个生产日不少于1次,试验项目包括:颗粒组成、针片状颗粒含量、含泥量、细集料砂当量、0.075mm以下含量等指标,检测结果应建立台账。当细集料采用机制砂时,还应检测细集料的亚甲蓝值。

3.4.3 水泥稳定级配碎石用集料质量应符合表3.4.3的规定。

水泥稳定级配碎石用集料技术要求　　表3.4.3

指　标		技术质量要求		试验方法
		高速公路、一级公路	其他等级公路	
粗集料	颗粒组成	满足级配通过率要求		T 0302
	压碎值(%)	≤26	≤30	T 0316
	针片状颗粒含量(%)	≤18	≤20	T 0312
	0.075mm以下粉尘含量(%)	≤1	≤2	T 0310
	软石含量(%)	≤3	≤5	T 0320

续上表

指　标		技术质量要求		试 验 方 法
		高速公路、一级公路	其他等级公路	
细集料	塑性指数	≤17	—	T 0118
	有机质含量(%)	<2	—	T 0313/ T 0151
	硫酸盐含量(%)	≤0.25	—	T 0341
	0.075mm 以下颗粒含量(%)	≤15	—	T 0327

3.4.4 沥青混合料用集料质量应符合表 3.4.4-1、表 3.4.4-2 的规定。

沥青混合料用粗集料技术要求　　　　　　　　　　表 3.4.4-1

指　　标		高速公路及一级公路		其他等级公路	试 验 方 法
		上面层	中、下面层		
粗集料	外观	颜色均一			目测
	颗粒组成	满足单档集料通过率要求			T 0302
	压碎值(%)	≤22(18)	≤24	≤28	T 0316
	洛杉矶磨耗损失(%)	≤22	≤26	≤30	T 0317
	针片状颗粒含量(混合料)(%)	≤12	≤15	20	T 0312
	其中粒径大于9.5mm(%)	≤10	≤12		
	其中粒径小于9.5mm(%)	≤15	≤18		
	软石含量(%)	≤1	≤2	≤5	T 0320
	吸水率(%)	≤1.0	≤1.5	≤3.0	T 0307
	0.075mm 以下颗粒含量(%)	≤0.8	≤0.8	≤1.0	T 0310
	磨光值	≥42	—	—	T 0321

注:表中括号中的数值为 SMA 混合料用集料的要求。

沥青混合料用细集料技术要求　　　　　　　　　　表 3.4.4-2

指　　标	高速公路及一级公路		其他等级公路	试 验 方 法
	上、中面层	下面层		
母岩抗压强度(MPa)	≥60		—	T 0221
亚甲蓝值(g/kg)	≤2.5		—	T 0349
砂当量(%)	≥65	≥60	≥50	T 0334
0.075mm 以下含量(%)	≤12	≤15	≤15	T 0327
棱角性(流动时间)(s)	≥30		—	T 0345

3.4.5 水泥混凝土路面用集料的质量应符合现行《公路水泥混凝土路面施工技术细则》(JTG/T F30)的相关规定。

4 级配碎石层

4.1 一般规定

4.1.1 级配碎石层施工前,应对级配碎石层下承层路基宽度、弯沉值、高程、压实度横坡等指标进行复验,确保满足设计要求;软土路基应进行工后沉降评定;如路基受雨水浸泡,应对路基进行复压,确保路基弯沉满足要求。

4.1.2 级配碎石层应采用集中厂拌法拌制,采用摊铺机摊铺。压实厚度不宜超过20cm,设计厚度超过20cm时,宜分层铺筑,每层最小压实厚度不小于10cm。

4.1.3 路基粒料改善层级配碎石层在施工完成后,应及时铺筑底基层,避免雨水浸泡。如受雨水浸泡,应待干燥后,方可施工底基层。

4.1.4 级配碎石基层施工完成后应及时施工乳化沥青透层和3~5mm同步碎石封层,封层碎石应采用0.3%~0.5%普通沥青进行预拌。

4.1.5 级配碎石层施工完成后严禁车辆通行。

4.1.6 级配碎石层与水泥稳定碎石基层宜同料源统一备料。

4.2 原材料及配合比设计

4.2.1 级配碎石用粗、细集料的质量应符合本指南第3.4.3条的有关规定。

4.2.2 级配碎石所用集料的最大粒径不应超过31.5mm,级配碎石所用集料的公称最大粒径不应超过26.5mm,宜按19~26.5mm、9.5~19mm、4.75~9.5mm及0~4.75mm 4种规格备料。

4.2.3 路基粒料改善层级配碎石CBR值应不小于100%。基层用级配碎石的固体体积率不小于85%,CBR值应不小于200%,回弹模量不小于300MPa。

4.2.4 级配碎石应采用重型击实法或振动成型法进行配合比设计,配合比设计步骤和方法参照现行《公路路面基层施工技术细则》(JTG/T F20)中的要求进行。

4.2.5 级配碎石的矿料级配组成宜符合表4.2.5-1、表4.2.5-2的规定,设计的矿料级配曲线宜光滑、连续。

路基粒料改善层级配碎石的矿料级配范围　　　表4.2.5-1

筛孔尺寸(mm)		31.5	19	9.5	4.75	2.36	0.6	0.075
通过质量百分率(%)	上限	100	90	70	50	35	20	7
	下限	100	75	50	29	15	6	0
	中值	100	82.5	60	39.5	25	13	3.5

基层级配碎石的矿料级配范围　　　表4.2.5-2

筛孔尺寸(mm)		31.5	19	9.5	4.75	2.36	0.6	0.075
通过质量百分率(%)	上限	100	92	70	55	43	24	7
	下限	100	78	45	30	20	9	0
	中值	100	85.0	57.5	42.5	31.5	16.5	3.5

4.3 试验段铺筑

4.3.1 在级配碎石层正式开工之前,施工单位应在主线铺筑长度不少于300m的试验路段。试验段铺筑过程中应做好观察与记录,研究解决发现的各种问题。

4.3.2 通过铺筑试验路段,应确定下列主要项目:

1 用于施工的配合比。
2 分层施工时每一分层的合适厚度。
3 松铺厚度和松铺系数及摊铺机的行走速度、振幅、频率等。
4 标准施工方法,包括:
1)混合料配合比的控制。
2)合适的拌和机械、拌和方法、拌和时间。
3)混合料含水率的调整和控制方法。
4)混合料摊铺方法和适用机具(包括摊铺速度、摊铺厚度的控制方式)。
5)压实机具的选择和组合,压实的顺序、速度和遍数。
6)拌和、运输、摊铺和碾压机械的协调与配合。
5 每一作业段的合适长度。

4.3.3 施工单位应根据试验路段所取得的资料与数据,编制试验段总结报告报监理工程师审查批准,并作为正式开工的依据。试验段确认的压实方法、压实设备类型、工序、松铺系数、碾压遍数、最佳含水率等均应作为后续施工控制的依据。

4.4 施工工艺

4.4.1 施工准备

1 级配碎石施工前应对作业面进行检查、清理及修整,确保下承层表面平整、密实,具有规定的横坡,无任何松散、软弱和积水等现象,路面宜处于湿润状态。

2 施工前应做好放样工作。恢复中线时,直线段宜每10m设一个中桩;曲线段宜每5m设一个中桩,并在两侧边缘外设指示桩,桩上应明显标记出该层边缘的设计高度,用白灰画出该层的边缘线。

3 摊铺机螺旋布料器末端应加设反向叶片和过渡叶片,以减少混合料摊铺过程中的离析。

4 摊铺机前挡板底部宜安装橡胶挡板或其他防离析装置。

4.4.2 拌和

1 拌和设备宜与水泥稳定级配碎石基层的拌和设备相同。拌和机各料仓开口大小和皮带计量精度应事先标定,并在施工过程中经常检查和校准。

2 每天拌和前应测定各种规格集料的含水率,结合天气、运距等情况调整加水量。一般情况下,混合料的含水率比最佳含水率提高0.5%~1.0%;在气温高、风速大、天气干燥的情况下,宜提高1.0%~2.0%。

3 上料仓加料应配备足够数量的装载机,以确保拌和楼各仓集料充足;上料仓之间应加高挡板防止窜料,每个料仓应有防缺料自动振动器;上料仓应设置超粒径筛网,并配备专人清理。

4 卸料斗皮带前方应设置挡料板,防止混合料中粗集料抛撒,导致粗细集料离析。

5 混合料出料直接装车运输,装车时车辆宜按图4.4.2顺序,分5次装料,避免混合料离析。

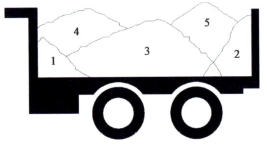

图4.4.2 5次装料工艺及顺序

4.4.3 运输

1 运输车辆应采用自卸汽车,每天开工前应检查车况,装料前将车厢清洗干净。运输车辆数量应满足拌和、出料和摊铺需要,并略有富余。

2 混合料运输过程中必须采用篷布覆盖,减少水分散失或污染;严禁混合料运输车辆在级配碎石层上掉头或紧急制动。

3 混合料出厂时,记录混合料的拌和时间并称重;混合料运输到场后,应对混合料的外观和含水率进行抽检,并记录料车到场的时间。

4.4.4 摊铺

1 级配碎石层的摊铺可采用大功率单机全幅摊铺,也可以采用并机梯次摊铺。单机全幅摊铺时,应采用两侧布设导线的方法控制高程;并机梯次作业时,两台摊铺机前后间距宜控制在10m以内,前台摊铺机采用路侧导线和设置在路中的导梁控制路面高程,后台摊铺机路侧采用导线、路中采用雪橇控制高程和厚度,如图4.4.4所示。前后两台摊铺机应重叠10～20cm的搭接宽度。

2 应适当提高摊铺过程中摊铺机熨平板的振捣功率,确保混合料的初始密实度,摊铺现场以踩踏摊铺面无明显脚印为宜。

3 等候卸料的混合料运输车多于5辆后开始摊铺,摊铺过程中应有2～3辆运料车等候卸料,保证连续摊铺;摊铺机的摊铺速度宜控制在1～2m/min,拌和与摊铺能力应互相协调,不得随意变换速度或中途停顿。

图4.4.4 摊铺机路中采用雪橇控制厚度

4 摊铺机螺旋布料器在全部工作时间内应匀速转动,避免过快或停顿。

5 摊铺过程中应随时检查材料离析情况,设专人随时消除粗细集料离析现象。对于粗集料或细集料集中的地方,应分别添加细集料或粗集料,并拌和均匀。对严重离析部位,应挖除后用符合要求的混合料填补。

6 严禁空仓收斗,仅当料斗内粘附较多混合料时方可收斗。收斗应在运料车离去、料斗内尚存较多混合料时进行,收斗后应立即连接满载的运料车向摊铺机内喂料。

4.4.5 碾压

1 级配碎石层碾压应至少配置20t以上的单钢轮压路机2台,12～14t双钢轮压路机1台,26t以上的轮胎压路机1台。

2 压路机应紧跟摊铺机后在全宽范围内进行碾压,一次碾压段落长度宜为50～80m。碾压应遵循先轻后重、先慢后快、从低到高的原则。

3 碾压应遵循试验段所确定的程序和工艺。宜按照稳压(静压)→轻振→强振→稳压收面的工序进行压实,直至表面无显著轮迹,碾压遍数宜为6～8遍。

4 严禁压路机在正在施工和刚完成的路段上掉头或紧急制动。

5 级配碎石层碾压过程中应密切关注表面状况,出现花白料或"弹簧"现象时,应及时调整混合料用水量,并及时补水或对"弹簧"处进行局部处治。

6 路基粒料改善层级配碎石施工完成后,宜尽快进行底基层施工。遇下雨天气时,应采用薄膜对已施工路基粒料改善层进行遮盖。

4.4.6 接缝处理

1 当采用梯队摊铺时,纵向接缝应采用斜接缝,并一次碾压密实。如有间隔时间较长的纵向接缝,应留一定的宽度暂不碾压,在后续摊铺后跨缝一次碾压密实。

2 摊铺机从接缝处起步摊铺,压路机沿接缝横向碾压,由接缝处逐渐推向新铺层,碾压完毕再正常碾压。

4.4.7 交通管制

级配碎石层施工完成后应进行交通管制,严禁车辆在养生期的级配碎石层上行驶;养护期结束后应严格限制施工车辆行驶速度,行驶速度应不大于20km/h,以减少路面磨损破坏。

4.5 质量控制

4.5.1 原材料试验检测项目及频率应符合表4.5.1的规定。

原材料试验检测项目及频率要求　　　　　表4.5.1

检 查 项 目		控 制 标 准	检 测 频 率
筛分	针片状颗粒含量(%)	本指南第3.4.3条	每2000m³至少检测1次
	粗集料小于0.075mm颗粒含量(%)		
	细集料小于0.075mm颗粒含量(%)		
压碎值(%)			必要时
细集料塑性指数			必要时

4.5.2 高速公路及一级公路级配碎石混合料质量控制内容与成品质量要求应符合表4.5.2-1、表4.5.2-2的规定。

高速公路及一级公路级配碎石混合料质量控制内容　　　　　表4.5.2-1

项　　目		质量要求或允许偏差	检查频率	试验方法
矿料级配与设计级配的差(%)	0.075mm	±2	1次/2000m³	T 0327
	≤2.36mm	±5		
	≥4.75mm	±6		
CBR(%)		不小于设计	1组/3000m³	T 0134
含水率(%)		+2,-1	1组/2000m³	T 0801

高速公路及一级公路级配碎石层质量控制标准　　　　　表4.5.2-2

检 查 项 目	质 量 要 求		检 查 规 定	
	质量要求或允许偏差	外观要求	检查频率	试验方法
压实度(%)	≥98	符合技术规范要求	4处/(200m·层)	T 0921
平整度(mm)	≤12	平整、无起伏	1处/100m	T 0931
纵断面高程(mm)	+5,-15	平整顺适	1断面/20m	水准仪
厚度(mm)	代表值 -10	均匀一致	1处/100m/车道	T 0912
	合格值 -25			
宽度(mm)	不小于设计宽度	边缘顺直	1处/40m	尺量
离析情况	基本无离析	基本无离析	随时	目测
横坡度(%)	±0.3	—	3断面/100m	水准仪
弯沉	符合设计要求	—	1处/20m	T 0951/ T 0953
外观要求		表面平整密实,无坑洼、松散、弹簧现象;无压路机碾压轮迹		

注:基层级配碎石层的平整度应不大于8mm。

5 水泥稳定级配碎石(底)基层

5.1 一般规定

5.1.1 水泥稳定级配碎石(底)基层宜在气温较高的季节施工,日最低气温应不低于5℃,严禁雨天施工。

5.1.2 水泥稳定级配碎石(底)基层采用集中厂拌法拌制混合料,采用摊铺机摊铺。从加水拌和到碾压终了的时间不应超过水泥的初凝时间。

5.1.3 同一路段左右幅水泥稳定级配碎石(底)基层宜错开施工,当分层施工时,半幅两层连续施工完成并养生到位后,再开始另外半幅的施工。

5.1.4 水泥稳定级配碎石结构层施工完成后,宜在60d内完成沥青下面层的铺筑。

5.1.5 宜在两层水泥稳定级配碎石层施工完成后开放交通,严禁"前四后八"的大型超载运输车辆在水泥稳定级配碎石(底)基层上行驶。

5.1.6 底基层与基层水泥稳定级配碎石宜同料源、同规格统一备料。

5.2 原材料要求

5.2.1 水泥

1 宜采用普通硅酸盐水泥或复合硅酸盐水泥,水泥的质量标准应符合现行《通用硅酸盐水泥》(GB 175)或《道路基层用缓凝硅酸盐水泥》(GB/T 35162)的规定。

2 应采用初凝时间3h以上、终凝时间6h以上且小于10h的水泥。快凝水泥、早强水泥以及已受潮变质的水泥不得使用。

3 宜选用散装水泥,水泥入罐温度不宜高于60℃。

5.2.2 集料

1 应采用洁净、干燥、表面粗糙、无风化、无杂质的集料,集料最大粒径不得超过

31.5mm,应按 4 种及 4 种以上规格备料,可按:19~26.5mm、9.5~19mm、4.75~9.5mm、0~4.75mm 4 种规格或 19~26.5mm、9.5~19mm、4.75~9.5mm、2.36~4.75mm、0~2.36mm 5 种规格备料。

  2 集料技术要求应符合本指南第 3.4.3 条及现行《公路路面基层施工技术细则》(JTG/T F20)的规定。

  5.2.3 水

  1 符合现行《生活饮用水卫生标准》(GB 5749)的饮用水可直接用于水泥稳定级配碎石(底)基层的拌和与养生用水。

  2 拌和使用的非饮用水应进行水质检验,技术要求应符合表 5.2.3 的规定。

非饮用水技术要求   表 5.2.3

项次	项目	技术要求	试验方法
1	pH 值	≥4.5	现行《混凝土用水标准》(JGJ 63)
2	Cl^- 含量(mg/L)	≤3500	
3	SO_4^{2-} 含量(mg/L)	≤2700	
4	碱含量(mg/L)	≤1500	
5	可溶物含量(mg/L)	≤10000	
6	不溶物含量(mg/L)	≤5000	
7	其他杂质	不应有漂浮的油脂和泡沫及明显的颜色和异味	

5.3 配合比设计

  5.3.1 水泥稳定级配碎石底基层 7d 无侧限抗压强度应不小于 3.0MPa,水泥剂量宜控制在 3.5%~4.5%;水泥稳定级配碎石基层 7d 无侧限抗压强度应不小于 4.0MPa,水泥剂量宜控制在 4.5%~5.5%;水泥稳定级配碎石基层、底基层的实际水泥用量按抗压强度的要求控制。

  5.3.2 水泥稳定级配碎石(底)基层可参照现行《公路路面基层施工技术细则》(JTG/T F20)中的步骤及方法进行配合比设计。底基层宜采用重型击实法进行配合比设计;基层应采用骨架密实型结构,宜采用振动成型压实法进行配合比设计。

  5.3.3 水泥稳定级配碎石(底)基层的矿料级配组成应符合现行《公路路面基层施工技术细则》(JTG/T F20)的有关规定。

  5.3.4 为减少基层裂缝,在满足设计强度的基础上,水泥用量宜不超过 5.5%,混合料合成级配中小于 0.075mm 颗粒含量应不大于 5.0%。

5.4 试验段铺筑

5.4.1 在水泥稳定级配碎石底(基)层正式开工之前,施工单位应在主线铺筑长度不少于300m的试验路段。试验段铺筑过程中应做好观察与记录,研究解决发现的各种问题。

5.4.2 通过铺筑试验路段,应确定下列主要项目:

1 用于施工的混合料级配。
2 分层施工时每一分层的合适厚度。
3 松铺厚度和松铺系数及摊铺机的行走速度、振幅、频率等。
4 标准施工方法,包括:
1)集料数量的控制。
2)合适的拌和机械、拌和方法、拌和时间。
3)混合料含水率的调整和控制方法。
4)控制水泥剂量和拌和均匀性的方法。
5)混合料摊铺方法和适用机具(包括摊铺速度、摊铺厚度的控制方式)。
6)压实机具的选择和组合,压实的顺序、速度和遍数。
7)拌和、运输、摊铺和碾压机械的协调与配合。
5 每一作业段的合适长度。

5.4.3 施工单位应根据试验路段所取得的资料与数据,编制试验段总结报告,报监理工程师审查批准,并作为正式开工的依据。试验段确认的压实方法、压实设备类型、工序、松铺系数、碾压遍数、最佳水泥剂量、最佳含水率等均应作为后续施工控制的依据。

5.5 施工工艺

5.5.1 施工准备

1 作业面应检查、清理及修整,如图5.5.1-1、图5.5.1-2所示,确保下承层表面平整、密实,无任何松散、软弱和积水等现象。

图5.5.1-1 清扫机清扫工作面　　　　图5.5.1-2 鼓风机清理工作面

2 应做好放样工作。恢复中线时,每10m设一个中桩,并在两侧边缘外设指示桩,桩上应明显标记出该层边缘设计高度,用白灰画出该层的边缘线。

3 (底)基层宜立模施工,每个(底)基层摊铺点的边部模板应至少准备两天的使用量,当天摊铺前宜至少支护预计工作量的80%,模板应线形顺直,固定牢靠,如图5.5.1-3所示。

5.5.2 拌和

1 应根据工程规模、项目特点、施工进度要求配置拌和机的类型和数量。连续式拌和机应采用两个长度均大于3m的拌缸串联拌和,且其中一个拌缸宜采用振动拌缸。也可采用一个4.5m以上的振动拌缸进行拌和。

2 宽度8~12m的基层施工宜配备额定产量不小于600 t/h的连续式拌和机,宽度12~16m时宜配备额定产量不小于800t/h的连续式拌和机。

3 拌和机的产量应满足正常连续摊铺要求,应不小于其额定产量的70%。

图5.5.1-3 基层立钢模

4 拌和机应配带传感器的电子秤,配料计量允许偏差应符合表5.5.2的规定。拌和机各料仓开口大小和皮带计量精度应事先标定,并在施工过程中随时检查和调整。

配料允许质量偏差　　表5.5.2

材料名称	水泥	掺合料	细集料	粗集料	水
允许质量偏差(%)	±1	±1	±2	±2	±1

5 采用拌缸串联拌和时,拌和宜采用二次加水的方式,一级拌缸加水量宜在30%左右。

6 每次开始拌和前,应检查场内各处集料的含水率,计算当天的施工配合比。

7 每次开始拌和之后,出料时应取样检查配合比。进行正式生产之后,每天应定时检查拌和情况,抽检其配合比、含水率,并根据天气、运输距离等实际情况调整。

8 混合料出料应直接装车运输,装车时车辆按图4.4.2的顺序,分5次装料,避免混合料离析。

9 在拌和楼下料斗传送带前宜增设挡板,减少混合料抛撒,防止离析。

5.5.3 运输

1 每天开工前应检查运输车辆的状况,装料前将车厢清洗干净。运输车辆数量应满足拌和、出料和摊铺需要,并略有富余。

2 混合料运输过程中应覆盖篷布,减少水分散失或污染,应尽快将混合料运送至摊铺现场。如运输车中途故障,应尽快排除;如混合料不能在初凝时间内运到摊铺现场,或预计混合料到碾压终了的延迟时间超过水泥初凝时间,必须予以废弃。

3 基层施工时,施工过程中摊铺机前方应有运料车在等候卸料。开始摊铺时在施工现场等候卸料的运料车宜不少于5辆。

4 严禁混合料运输车辆在水泥稳定级配碎石(底)基层上掉头或紧急制动。

5 运输车卸料,宜分两次卸料,防止混合料离析。

5.5.4 摊铺

1 基层摊铺宜采用沥青混凝土摊铺机,也可采用稳定土摊铺机,每台摊铺机的功率应达到130kW以上。当采用两台摊铺机并排摊铺时,两台摊铺机的摊铺能力和型号宜相同。

2 摊铺宜采用两台摊铺机梯队作业的方式,如图5.5.4所示,也可采用单机全断面摊铺方式。单机摊铺时应采用两侧布设导线的方法控制高程;当采用双机梯队作业时,前后相距5~10m,前台摊铺机采用路侧导线和设置在路中的导梁控制路面高程,后台摊铺机路侧采用导线、路中采用雪橇控制高程和厚度的方式,前后两台摊铺机重叠10~15cm,中缝辅以人工修整。

图5.5.4 摊铺机梯队作业

3 摊铺前下承层应先洒水湿润,对于底基层、下基层表面,还应采用机械设备自动喷洒水泥浆,水灰比2∶1,洒(撒)布量1.5~2.5kg/m²,洒(撒)布长度宜不大于摊铺机前50m。

4 应在待等候卸料的混合料运输车多于5辆后开始摊铺,摊铺过程中应有运料车2~3辆等候卸料,保证摊铺连续。

5 摊铺速度宜控制在1~2m/min。摊铺过程中应根据拌和能力和运输能力确定摊铺速度,避免摊铺机停机待料的情况。摊铺过程中不得随意变换速度或中途停顿。

6 摊铺过程中应随时检查摊铺层厚及路拱、横坡,并使用混合料总量与摊铺面积校验平均厚度,不符合要求时应及时进行调整。

7 摊铺后应设专人消除离析现象,铲除局部粗集料集中部位,并用新拌混合料填补,若离析情况严重,应停机检查。

8 严禁空仓收斗,并减少收斗频率。收斗应在运料车离去、料斗内尚存较多混合料时进行,收斗后应立即连接满载的运料车向摊铺机内喂料。

5.5.5 碾压

1 对于双向四车道高速公路水泥稳定级配碎石(底)基层施工,每个工作面应至少配备大于26t的单钢轮重型压路机2台、12~14t双钢轮压路机1台、26t轮胎压路机1台,必要时配1台小型压路机进行边部碾压。四车道以上高速公路应按车道比例增加相应的压路机数量。

2 每个碾压段长度一般为30~50m,碾压段应层次分明,设置明显的分界标志。

3 碾压应遵循试验段所确定的程序和工艺。宜按照稳压(静压)→轻振→强振→稳压收面的工序进行压实,直至表面无显著轮迹;碾压次数通常为7~8次,推荐碾压工艺见表5.5.5。

水泥稳定级配碎石(底)基层碾压工艺　　　　表 5.5.5

碾压阶段	压路机类型	碾压模式
初压	双钢轮振动压路机	前静后振 1~2 遍
复压	单钢轮振动压路机	1~2 遍
	单钢轮振动压路机或轮胎压路机	2~3 遍
	单钢轮振动压路机	1~2 遍
终压	双钢轮压路机	收光碾压 1~2 遍

4　碾压路线及碾压方向不应突然改变以免混合料产生推移;压路机起动、停止缓慢进行。

5　压路机应从低处向高处碾压,相邻碾压带应重叠 20~30cm,压完全幅为 1 遍。当边缘有挡板、路缘石、路肩等支挡时,应紧靠支挡碾压。

6　严禁压路机在正在碾压的路段或刚完成的路段上掉头和紧急制动。

5.5.6　接缝处理

1　两台摊铺机梯队施工时的纵向接缝应垂直相接,压路机跨缝碾压时一次碾压密实。

2　摊铺作业因故中断时间超过 2h 或当天收工,应设置横缝;横缝应与路线中心线垂直,断面为竖向平面。摊铺机从接缝处起步摊铺,压路机沿接缝横向碾压,由接缝处逐渐推向新铺层,碾压完毕再正常碾压。

3　从接缝处继续摊铺混合料前应用 3m 直尺检查端部平整度;当不符合要求时,应予以清除。摊铺时调整好预留高度,接缝处摊铺层施工结束后再用 3m 直尺检查平整度;当有不符合要求者,应在混合料尚未完全凝固时立即处理。

5.5.7　养生与交通管制

1　碾压完成并经压实度检验合格,宜采用一布一膜或保湿养生膜进行覆盖养生。土工布覆盖后用洒水车洒水,在土工布保证湿润的前提下,加盖塑料薄膜,养生期应保持基层处于湿润状态。塑料薄膜应有一定厚度,两幅间应相互搭接 20cm 以上,并采用灌砂环保袋压边,如图 5.5.7 所示,或采用混凝土方块呈网格状全断面压膜,不得采用土颗粒或基层废料等具污染性材料压边。

图 5.5.7　灌砂环保袋压边

2　在养生期间应采取隔离措施封闭交通,严禁车辆通行。养护完成的水泥稳定级配碎石(底)基层应采取措施避免车辆集中快速行驶,以保护水泥稳定级配碎石(底)基层集料不受破坏。

3　水泥稳定级配碎石下基层施工结束 7d 后即可进行水泥稳定级配碎石上基层的施工。两层施工间隔不宜超过 30d。

4　水泥稳定级配碎石上基层养生期达到 7d 后,清除覆盖物,待其表面稍干后,宜立即喷洒高渗透乳化沥青透层进行养护。

5.6 质量控制

5.6.1 水泥、集料质量控制项目及检测频率按表5.6.1确定。

原材料质量控制检测项目及要求 表5.6.1

材料种类	控制项目	控制标准	检测频率
水泥	细度	本指南第5.2.1条	每1500t至少检测1次
	安定性		
	初凝时间		
	终凝时间		
	胶砂强度		
集料	压碎值	本指南第3.4.3条	每2000m³至少检测2个样品
	粗集料 针片状颗粒含量		
	粗集料 小于0.075mm 颗粒含量		
	细集料 塑性指数		
	细集料 小于0.075mm 颗粒含量		

5.6.2 水泥剂量标定曲线应每个月重新配制后制作乙二胺四乙酸(EDTA)滴定标准曲线。

5.6.3 级配检验应取加水泥之前的矿料混合料检验其级配;加水泥以后的混合料级配,采用水洗法快速检验31.5mm、19mm、9.5mm、4.75mm、2.36mm、0.075mm筛孔的通过率。

5.6.4 压实度检查应在碾压结束后立即进行,对于小于规定值的测点应立即进行处理,直到测点全部符合要求为止。

5.6.5 水泥稳定级配碎石混合料质量控制内容与基层成品质量要求分别按表5.6.5-1、表5.6.5-2确定。

水泥稳定级配碎石混合料质量控制检测项目及要求 表5.6.5-1

项目		质量要求或允许差	检查频率	取样/试验方法
矿料级配,与设计级配的差(%)	0.075mm	±2	每2000m³测1次	T 0327
	≤2.36mm	±5		
	≥4.75mm	±6		
水泥剂量(%)		±0.3	每施工日1次	总量检验
		±0.5	每2000m³测1次	T 0809
含水率(%)		最佳含水率±1	每2000m³测1次	T 0801
强度(MPa)		不小于设计要求	1组/d	T 08015
最大干密度		—	必要时	—

水泥稳定级配碎石基层质量控制标准　　　　表 5.6.5-2

控制项目		高速公路、一级公路		其他等级公路		外观要求	检查频率
		基层	底基层	基层	底基层		
压实度（%）	代表值	≥98	≥97	≥97	≥95	密实、均匀	每200m测2点
	极值	≥94	≥93	≥92	≥91		
平整度(mm)		≤8	≤12	≤12	≤15	平整、无起伏	每200m测2处
纵横高程(mm)		+5，-10	+5，-15	+5，-15	+5，-20	平整、顺适	每200m测2个断面
厚度（mm）	代表值	≥-8	≥-10	≥-10	≥-12	均匀一致	每200m测2点
	合格值	≥-10	≥-25	≥-20	≥-30		
宽度(mm)		符合设计要求				边缘线整齐、顺适	每200m测4点
横坡(%)		±0.3	±0.3	±0.5	±0.5	—	每200m测2个断面
强度(MPa)		符合设计要求				完整、密实	每200m测1点
外观要求		1）表面平整密实，无浮石，弹簧现象； 2）无明显压路机轮迹					

5.6.6 水泥稳定级配碎石基层养生达7～10d龄期应钻取芯样检验其整体性，并应符合下列规定：

1 应采用随机取样方式进行取芯。

2 芯样应完整、均匀、致密，水泥稳定级配碎石基层之间应联结较好。

3 底部松散应不超过2cm，不满足要求的应确定不合格段落范围，并进行返工处理。

5.6.7 水泥稳定级配碎石基层的平整度合格率应不小于80%。

5.7 裂缝预防及处理

5.7.1 裂缝的预防措施详见附录G.2.2。

5.7.2 当水泥稳定级配碎石基层出现裂缝时宜及时采用热沥青对裂缝进行灌缝。

5.7.3 对于连续100m水泥稳定级配碎石（底）基层，当出现横向长度大于1/3路面宽度，且间距小于10m的横向裂缝时宜返工处理。

5.7.4 对于连续100m水泥稳定级配碎石（底）基层出现横向长度大于1/3路面宽度，且间距大于10m的横向裂缝时应使用抗裂贴、玻璃纤维格栅或聚酯玻璃纤维布进行处理。抗裂贴、玻璃纤维格栅和聚酯玻璃纤维布的技术要求按表5.7.4-1～表5.7.4-3确定。

抗裂贴技术要求 表 5.7.4-1

项次	技术指标		技术要求	试验方法
1	拉伸性能	最大拉力(N/50mm)	≥1400	现行《建筑防水卷材试验方法 第8部分:沥青防水卷材 拉伸性能》(GB/T 328.8)
		最大拉力时延伸率(%)	1.0~10.0	
2	热老化	最大拉力保持率(%)	≥70.0	现行《建筑防水卷材试验方法 第8部分:沥青防水卷材 拉伸性能》(GB/T 328.8)
		最大拉力时延伸率保持率(%)	≥75.0	
		质量损失率(%)	±2.0	
		尺寸变化率(%)	±2.0	
3	低温柔性	-10℃	无裂纹	现行《建筑防水卷材试验方法 第14部分:沥青防水卷材 低温柔性》(GB/T 328.14)
		-20℃(必要时)	无裂纹	
4	不透水性	30min,0.3MPa	不透水	现行《建筑防水卷材试验方法 第10部分:沥青和高分子防水卷材 不透水性》(GB/T 328.10)

玻璃纤维格栅技术要求 表 5.7.4-2

项次	技术指标	技术要求	试验方法
1	抗拉强度(kN/m)	≥50	T 1121
2	最大负荷延伸率(%)	≤4	T 1121
3	网孔形状与尺寸	矩形,孔径宜为其上铺筑的沥青面层材料最大粒径的0.5~1.0倍	T 1114
4	热老化后断裂强度	经170℃、1h热处理后,其经向和纬向拉伸断裂强度应不小于原强度的90%	T 1121

聚酯玻璃纤维布技术要求 表 5.7.4-3

项次	技术指标	技术要求	试验方法
1	单位面积质量(g/m²)	125~200	T 1111
2	抗拉强度(kN/m)	≥8.0	T 1121
3	极限抗拉强度纵、横比	1.00~1.20	T 1121
4	极限延伸率(纵、横向)(%)	≤5	T 1121
5	CBR顶刺破强度(kN)	≥0.55	T 1126

5.7.5 对于车辆荷载引起的纵向裂缝应返工处理;因路基不均匀沉降等产生的纵横向非收缩裂缝应现场查看,分析原因后确定处治方案。

5.7.6 裂缝处理的工艺应符合下列规定:

1 检查裂缝分布情况,应对底基层、基层进行全面检查,在路边标明裂缝位置,统计裂缝数量和长度。清扫裂缝两侧表面,并进行清洗。

2 灌缝:可用森林灭火器吹除裂缝内灰尘,并采取设备收集灰尘,宜采取吸尘设备处理缝内灰尘,宽度小于3mm的裂缝,灌热沥青;宽度大于3mm的裂缝,灌沥青砂浆或水泥砂浆,再用热改性乳化沥青封缝。封缝应及时,避免积水下渗。

3 在上一结构层覆盖前,应在裂缝处铺贴抗裂贴,或在裂缝两侧各1m范围内,铺玻璃纤维格栅或聚酯玻璃纤维布,用热沥青或U形钢钉固定。

6 热拌沥青混合料路面

6.1 一般规定

6.1.1 热拌沥青混合料路面包括沥青稳定碎石基层和沥青混凝土面层。

6.1.2 沥青面层集料的最大粒径宜从上至下逐渐增大,并应与压实层厚度相匹配。对热拌热铺密级配沥青混合料,沥青层单层的压实厚度不宜小于集料公称最大粒径的 2.5~3 倍,对 SMA 和 OGFC 等嵌挤型混合料不宜小于公称最大粒径的 2~2.5 倍,以减少离析,便于压实。

6.1.3 每台拌和楼应独立进行生产配合比设计。矿料和沥青产地、品种等发生变化时应重新进行目标配合比和生产配合比设计。

6.1.4 沥青面层应在不低于 10℃ 气温下进行施工,严禁雨天、路面潮湿的情况下施工。施工期间,应注意天气变化,已摊铺的沥青混合料层因遇雨未进行压实的应予以铲除。

6.1.5 沥青面层施工前,建设单位应组织各方对各种原材料进行充分调查,经选择确定的原材料在施工过程中应保持稳定,不得随意变动。

6.2 原材料要求

6.2.1 粗集料

1 粗集料应采用石质坚硬、清洁、不含风化颗粒、近立方体的碎石。一般应采用反击式破碎机轧制的碎石,必要时采用立轴式冲击破碎机整形。

2 粗集料的规格宜符合表 6.2.1 的规定。粗集料的单档集料级配应符合本指南第 3.2.2 条的规定。

粗集料规格（单位：mm）　　　　　表6.2.1

混合料类型	粗集料规格要求
ATB-30	19~31.5、9.5~19、4.75~9.5、2.36~4.75
ATB-25	19~26.5、9.5~19、4.75~9.5、2.36~4.75
AC-25	19~26.5、9.5~19、4.75~9.5、2.36~4.75
AC-20	9.5~19、4.75~9.5、2.36~4.75
AC-16	9.5~16、4.75~9.5、2.36~4.75
AC-13	9.5~13.2、4.75~9.5、2.36~4.75
AC-10	4.75~9.5、2.36~4.75

3 粗集料技术指标应符合本指南表3.4.4-1的规定。

6.2.2 细集料

1 细集料应洁净、干燥、无风化、无杂质。中、上面层细集料应采用机制砂，下面层和ATB基层细集料宜采用机制砂，可采用面层料加工时产生的石屑，应慎用外购石屑。

2 机制砂应采用专用的制砂机生产，并选用石灰岩、玄武岩和辉绿岩等中性或碱性石料生产。

3 应重点监控机制砂母料的洁净度和风化程度，并采用有效措施控制成品机制砂的离析问题。

4 沥青面层用细集料规格为0~2.36mm，其规格应符合表6.2.2的规定，质量应符合本指南表3.4.4-2的规定。

沥青混合料用机制砂规格　　　　　表6.2.2

规格	石场生产筛网尺寸（mm）	公称粒径（mm）	水洗法通过各筛孔的质量百分率（%）						
			4.75	2.36	1.18	0.6	0.3	0.15	0.075
S16	0~3	0~2.36	100	80~100	55~80	25~60	8~45	0~25	0~12

6.2.3 填料

1 矿粉应采用石灰岩或岩浆岩中的强基性岩石等憎水性石料经磨细得到，原石料中的泥土杂质应除净。矿粉质量要求应符合现行《公路沥青路面施工技术规范》（JTG F40）的规定。

2 沥青混合料宜采用1.0%~2.0%水泥作为部分填料以增强混合料的抗水损害能力。水泥宜普通硅酸盐水泥或复合硅酸盐水泥，其质量应符合现行《通用硅酸盐水泥》（GB 175）或现行《道路基层用缓凝硅酸盐水泥》（GB/T 35162）的规定。

6.2.4 沥青

1 根据广东省的气候环境特点及道路的功能性要求宜选用A级70号道路石油沥青作为沥青下面层或基层的结合料，其质量应符合表6.2.4-1中的规定。

A级70号道路石油沥青技术要求 表6.2.4-1

指　　标	单　　位	A级70号	试验方法
针入度(25℃,100g,5s)	0.1mm	60~80	T 0604
针入度指数PI	—	-1.5~+1.0	T 0604
延度(15℃,5cm/min),不小于	cm	100	T 0605
延度(10℃,5cm/min),不小于	cm	15	T 0605
软化点$T_{R\&B}$,不小于	℃	47	T 0606
60℃动力黏度,不小于	Pa·s	180	T 0620
蜡含量(蒸馏法),不大于	%	2.0	T 0615
闪点,不小于	℃	260	T 0611
溶解度,不小于	%	99.5	T 0607
RTFOT后残留物*			
质量变化,不大于	%	±0.8	T 0610
针入度比(25℃),不小于	%	61	T 0604
延度(15℃,5cm/min),不小于	cm	15	T 0605
延度(10℃,5cm/min),不小于	cm	6	T 0605

注：*老化试验以采用旋转薄膜烘箱试验(RTFOT)方法为准；允许采用薄膜加热试验(TFOT)代替，但必须在报告中注明，且不得作为仲裁结果。

2 中、上面层宜使用改性沥青，改性沥青宜采用PG76等级或以上改性沥青，其质量技术要求除应符合表6.2.4-2的规定外，还应符合相应PG等级的性能指标要求，见表6.2.4-3。

SBS类(I-D型)改性沥青技术要求 表6.2.4-2

指　　标	单　　位	SBS类(I-D型)	试验方法
针入度(25℃,100g,5s)	0.1mm	40~60	T 0604
针入度指数PI	—	0	T 0604
延度(5℃,5cm/min),不小于	cm	20	T 0605
软化点$T_{R\&B}$,不小于	℃	75	T 0606
运动黏度(135℃),不大于	Pa·s	3	T 0625
闪点,不小于	℃	230	T 0611
溶解度,不小于	%	99	T 0607
弹性恢复(25℃),不小于	%	90	T 0662
储存稳定性①			
储存稳定性离析(48h软化点差),不大于	℃	2.0	T 0661
RTFOT后残留物②			
质量变化,不大于	%	±1.0	T 0610
针入度比(25℃),不小于	%	75	T 0604
延度(5℃),不小于	cm	15	T 0605

注：①改性沥青在现场制作后立即使用或储存期间进行不间断地搅拌或泵送循环时，对离析试验指标可不作要求。
②老化试验以采用旋转薄膜烘箱试验(RTFOT)方法为准；允许采用薄膜加热试验(TFOT)代替，但必须在报告中注明，且不得作为仲裁结果。

PG76/82-22 技术指标要求 表 6.2.4-3

试验项目	PG76 试验温度	PG82 试验温度	单位	指标要求	试验方法
平均 7d 最高路面设计温度	<76	<82	℃	<76 或 <82	—
最低路面设计温度	>−22	>−22	℃	>−22	—
原样沥青					
动态剪切(10rad/s), $G^*/\sin\delta$	76℃	82℃	kPa	≥1.0	AASHTO T 315-09
RTFOT(TFOT)残留沥青					ASTM D 2872
动态剪切(10rad/s), $G^*/\sin\delta$	76℃	82℃	kPa	≥2.2	AASHTO T 315-09
PAV 残留沥青					ASTM D 6521
PAV 老化温度	—	—	℃	100	
动态剪切(10rad/s), $G^* \cdot \sin\delta$	31℃	34℃	kPa	≤5000	AASHTO T 315-09
蠕变劲度(60s),劲度模量 S	−12℃	−12℃	MPa	≤300	ASTM D 6648-01
蠕变劲度(60s),斜率 m	−12℃	−12℃	—	≥0.30	ASTM D 6648-01

6.3 配合比设计

6.3.1 基本要求

1 沥青混合料配合比设计应严格按照目标配合比设计、生产配合比设计及生产配合比验证三个阶段进行。

2 沥青面层混合料宜采用骨架密实型结构的 AC 型混合料,配合比设计应采用马歇尔设计方法或旋转压实剪切机(Gyratory Testing Machine,GTM)试验方法;沥青稳定碎石基层(ATB)混合料配合比设计宜采用大马歇尔试件进行指标测试。

3 AC 型密级配沥青混合料和沥青稳定碎石马歇尔试验技术标准应符合现行《公路沥青路面施工技术规范》(JTG F40)中表 5.3.3-1、表 5.3.3-2 的规定。

4 采用 GTM 法进行配合比设计时,上面层沥青混合料的设计压强宜为 0.8~0.9MPa,中、下面层宜为 0.7MPa。试验技术指标应符合表 6.3.1-1 的规定。

沥青混合料 GTM 法设计技术要求 表 6.3.1-1

试验项目	技术指标	试验方法
旋转稳定值 GSI,不大于	1.05	ASTM D3387 或 T 0737
旋转剪切系数 GSF,不小于	1.50	
标准密度	GTM 实测	T 0705
空隙率(%)	2.0~4.0	T 0705
沥青膜厚度(μm),不小于	6.0	T 0705
粉胶比(%)	1.2~1.6	T 0705

5 沥青混合料性能检验的技术要求应符合表6.3.1-2、表6.3.1-3的规定。

密级配普通沥青混合料性能检验技术要求　　　　　表6.3.1-2

指　　标		技　术　要　求	试　验　方　法
浸水残留稳定度(%),不小于		80	T 0709
冻融劈裂强度比(%),不小于		75	T 0729
动稳定度(DS),(60℃,0.7MPa)次/mm,不小于		1500	T 0719
肯塔堡浸水飞散损失(%),(60℃,48h),不大于		15	T 0733
GTM旋转剪切压实试验	旋转稳定值GSI,不大于	1.05	T 0737
	旋转剪切系数GSF,不小于	1.50	
低温弯曲试验破坏应变(με),(-10℃、50mm/min),不小于		2000	T 0715
渗水系数(mL/min),不大于		120	T 0730

密级配改性沥青混合料性能检验技术要求　　　　　表6.3.1-3

指　　标		技　术　要　求	试　验　方　法
浸水残留稳定度(%),不小于		85	T 0709
冻融劈裂强度比(%),不小于		80	T 0729
动稳定度(DS),(60℃,0.7MPa)次/mm,不小于		6000	T 0719
动稳定度(DS),(70℃,0.7MPa)次/mm,不小于		3000	T 0719
肯塔堡浸水飞散损失(%),(60℃,48h),不大于		10	T 0733
GTM旋转剪切压实试验	旋转稳定值GSI,不大于	1.05	T 0737
	旋转剪切系数GSF,不小于	1.50	
低温弯曲试验破坏应变(με),(-10℃、50mm/min),不小于		2500	T 0715
上面层混合料渗水系数(mL/min),不大于		100	T 0730
中面层混合料渗水系数(mL/min),不大于		100	T 0730

6.3.2 目标配合比设计

1 改进型密级配沥青混合料级配应符合表6.3.2规定的级配范围要求。

沥青混合料级配范围　　　　　表6.3.2

混合料类型		通过下列筛孔(mm)的质量百分率(%)											
		31.5	26.5	19	16	13.2	9.5	4.75	2.36	1.18	0.6	0.3	0.15	0.075
AC-25	上限	100	100	90	80	70	59	40	33	26	20	15	10	7
	下限	100	92	72	62	54	43	24	17	12	8	5	4	3
	中值	100	96	81	71	62	51	32	25	19	12	10	7	5

续上表

混合料类型		通过下列筛孔(mm)的质量百分率(%)											
		31.5	26.5	19	16	13.2	9.5	4.75	2.36	1.18	0.6	0.3	0.15	0.075
AC-20	上限	—	100	100	90	80	66	43	34	28	22	16	10	7
	下限	—	100	90	76	64	48	25	18	14	8	6	4	3
	中值	—	100	95	83	72	55	34	26	21	15	11	7	5
AC-16	上限	—	—	100	100	85	69	42	33	27	22	17	13	8
	下限	—	—	100	95	69	52	28	20	17	12	9	7	4
	中值	—	—	100	97.5	77	61	35	26.5	22	17	13	10	6
AC-13	上限	—	—	—	100	100	75	42	34	25	18	15	12	8
	下限	—	—	—	100	95	60	28	18	14	10	8	6	4
	中值	—	—	—	100	97.5	67.5	35	26	19.5	14	11.5	9	6

2　为保证混合料级配设计的可靠性与准确性,应从集料生产现场的皮带下料口取料进行目标配合比设计,优选矿料级配,确定最佳沥青用量(或油石比),使沥青混合料技术性能符合设计技术标准的要求。

6.3.3　生产配合比设计

1　拌和楼的振动筛应根据混合料的规格选用。拌和楼振动筛的筛网组合按表6.3.3-1确定。

拌和楼振动筛的等效筛孔(单位:mm)　　表6.3.3-1

标准筛筛孔	2.36	4.75	9.5	13.2	16	19	26.5	31.5
振动筛筛孔	3~4	6~7	11~12	15~16	18~19	22~24	30	35

注:拌和楼振动筛的筛孔尺寸为经验值,拌和楼振动筛的筛孔尺寸应比石场筛孔略大。

2　应从二次筛分后进入各热料仓的集料取样进行筛分,通过优化使合成矿质混合料的级配与目标配合比相接近,级配符合性要求按表6.3.3-2确定。

生产配合比合成级配符合性要求　　表6.3.3-2

筛孔尺寸(mm)	合成级配与目标配合比级配差值(%)
0.075	±1
≤2.36	±2
≥4.75	±3

3　应取目标配合比设计的最佳油石比OAC、OAC±0.3%等3个油石比,根据计算的矿料配合比例,拌制沥青混合料进行试验,按目标配合比设计方法选定最佳油石比。

4　生产配合比确定的最佳油石比与目标配合比确定的最佳油石比之差宜不超过±0.2%,且生产配合比与目标配合比设计的空隙率之差宜不超过±0.2%。如超出规定,应分析原因,重新进行配合比设计。

5　沥青混合料性能检验应按最终确定的矿料配合比和最佳沥青用量,拌制沥青混合料,制备试件,进行混合料性能检验。

6.3.4　生产配合比验证

1　生产配合比验证应分成试拌和试铺两个阶段进行,采用拌和楼对生产配合比进行试拌,试拌时,拌和楼各项参数(矿料加热温度、沥青加热温度、冷料仓进料比例及进料速度)应按正常生产状态进行设置。

2　试拌后的沥青混合料应进行马歇尔试验或 GTM 验证试验,并进行沥青含量、筛分试验,混合料级配与生产配合比级配之差应符合本指南的有关规定。

3　根据试拌的结果,允许对生产配合比进行微调,但最佳沥青用量的调整幅度不宜超过±0.2%;矿料合成级配的各关键筛孔的通过率应符合或接近设计级配,如发现矿料的级配变化过大,应查找原因,必要时应重新进行配合比设计。

4　试拌确定的生产配合比应通过试铺验证。试铺阶段主要是检验混合料组成在生产过程中的稳定性及和易性,确保满足施工要求。

5　生产配合比在生产过程中不得随意变更,并根据质量控制要求确定在施工中容许偏离标准配合比的波动范围,检查混合料的生产质量。

6.4　试验段铺筑

6.4.1　沥青路面试验段应选在具有代表性的主线直线段,采用两种配比方案或两种碾压组合方案进行试验段铺筑。每种方案试验段铺筑长度宜不少于500m。

6.4.2　试验段施工的原材料、沥青混合料以及路面现场质量检测频率应是正常沥青路面施工的2倍,宜采用红外热像仪、无核密度仪、激光纹理仪等先进手段对试验段的均匀性进行评价。宜尽可能多地收集试验段施工过程中及工后的试验检测数据,以供分析和调整使用。

6.4.3　试验段的铺筑,应确定下列主要项目:

1　大面积施工的标准配合比。
2　分层施工时每一分层的合适厚度。
3　松铺厚度和松铺系数及摊铺机的行走速度、振幅、频率等。
4　合理的施工机械配置,包括机械数量和组合方式。
5　标准施工方法,包括:
1)混合料配比的控制。
2)拌和机的拌和温度、拌和时间。
3)摊铺机的摊铺温度、速度、摊铺宽度、自动找平方式等。
4)压路机的压实顺序、碾压温度、碾压组合方式及碾压效果。
5)拌和、运输、摊铺和碾压机械的协调与配合。

6)质量检查方法,初定每作业段的最小检查数量。

6 每一作业段的合适长度。

6.4.4 试验段施工结束后,施工单位、监理单位和检测中心均应按规范格式编写详细的试验段施工总结报告,确定最优的施工方案后,报备建设单位。

6.4.5 上面层试验段施工完毕后应进行横向力系数(SFC)检测,评价试验段路面的抗滑性能。

6.4.6 沥青路面试验段经检验合格,作为正常路段的一部分;若不符合要求,经采取补救措施后仍无法满足使用功能的路段应铲除重铺。

6.5 施工工艺

6.5.1 施工准备

1 铺筑沥青层前,应检查下承层的质量,下承层不符合要求的不得铺筑沥青面层。下承层已被污染时,必须清洗或经铣刨处理后方可铺筑沥青混合料。

2 普通沥青混合料的各阶段施工控制温度参照现行《公路沥青路面施工技术规范》(JTG F40)中表5.2.2-2执行;聚合物改性沥青混合料的各阶段施工控制温度参照现行《公路沥青路面施工技术规范》(JTG F40)中表5.2.2-3执行。

3 PG82改性沥青混合料的正常施工温度参照表6.5.1选择。通常较常用改性沥青混合料施工温度提高5~10℃,气温高于30℃时取低限,低于30℃时取高限。

PG82改性沥青混合料的正常施工温度范围　　表6.5.1

工　序	正常施工温度范围(℃)	测量部位
成品改性沥青加热温度	170~180	沥青加热罐
集料加热温度	190~210	热料提升斗
改性沥青混合料出厂温度	175~185	运料车
混合料最高温度(废弃温度)	195	运料车
混合料储存温度	出料后降低不超过10	储存罐及运料车
摊铺温度,不低于	165	摊铺机
初压开始温度,不低于	160	摊铺层内部
复压温度,不低于	140	摊铺层内部
碾压终了的表面温度,不低于	110	路表面
开放交通时的路表温度,不高于	50	路表面

6.5.2 拌和

1 沥青混合料生产应采用4000型及以上间歇式拌和楼拌和沥青混合料,拌和楼应配备计算机设备,拌和过程中可实现逐盘采集材料用量、拌和温度等信息,可随时在线检查矿料级配和油石比。

2 沥青拌和楼正式使用前应对冷料仓的上料速度进行动态标定,并定期对拌和楼的计量和测温进行校核。

3 拌和时间应根据具体情况由试拌确定,保证沥青均匀裹覆、无花白料。普通沥青混合料每盘的拌和周期宜不少于 45s,其中干拌时间宜不少于 5s;改性沥青混合料拌和时间宜适当延长。

4 需添加纤维时,应配备自动计量、投放纤维的专用投放设备。

5 混合料首盘拌和时,应对拌和楼进行预热至拌和设备温度恒定,待集料温度满足要求后,再正式加沥青拌和混合料。

6 拌和楼应配有二级除尘装置,回收粉尘不得用于沥青混合料,宜直接用废粉罐回收。

7 间歇式拌和楼宜配置保温性能好的成品储料仓,储存过程中混合料温降不得大于 10℃,且不能有沥青滴漏,PG82 改性沥青混合料的储存时间不得超过 6h。

8 拌和生产之前,应根据目标配合比对冷料的上料进行标定,避免拌和楼生产过程中等料、溢料。

9 应定期检查拌和楼热料仓矿料组成情况,正常生产时宜每天进行 1 次热料筛分。若混合料生产出现异常,则应增加热料仓矿料级配的抽检次数,并检查拌和楼筛网有无破损、堵孔。

10 拌和楼每个台班拌和结束时应逐盘打印出每盘的材料用量及沥青混合料总量,按现行《公路沥青路面施工技术规范》(JTG F40)规定的方法进行沥青混合料生产质量及铺筑厚度的总量检验。总量检验数据有异常波动时,应立即停止生产,分析原因。

6.5.3 运输

1 沥青混合料运输车辆数量应根据运输距离、摊铺速度确定,摊铺机前方宜有不少于 5 辆运料车等候卸料,以确保现场连续摊铺的需要。

2 **运料车应采用厚篷布严密覆盖,卸料过程中仍继续覆盖直到卸料结束**,如图 6.5.3 所示。在气温较低时运料车车厢侧面应加装保温层,确保混合料温度稳定。

3 应在运输车四壁和底部涂刷隔离剂,并在运输车距离车底 1/3 位置处,设置温度检测孔,混合料装车前和运输到现场摊铺前分别对混合料温度进行检测。

4 卸料过程中,运料车应在摊铺机前 10~30cm 处驻停,运料车不得撞击摊铺机。卸料过程中运料车应挂空挡,靠摊铺机推动前进。

图 6.5.3 运输车全程覆盖篷布

5 运输到摊铺现场的混合料,如温度不符合要求或遭雨淋,应作废弃处理。

6 混合料出料宜直接装车运输,装车时车辆应按图 4.4.2 的顺序分 5 次装料,避免混合料离析。

6.5.4 摊铺

1 沥青混合料摊铺可采用两台摊铺机梯队并机摊铺作业，也可采用一台摊铺机全幅摊铺作业，见图6.5.4-1、图6.5.4-2。当采用并机梯次摊铺时，摊铺机应为同一机型，新旧程度和性能相近，以保证铺筑均匀、一致性。

图6.5.4-1 沥青面层全断面摊铺

图6.5.4-2 沥青面层梯队摊铺

2 在沥青路面主线连续摊铺时应采用熨平板固定式摊铺机，在匝道、服务区以及加宽路段可使用可伸缩式摊铺机摊铺。

3 下面层宜采用导线控制高程的方式进行摊铺。中、上面层宜采用非接触式平衡梁控制摊铺厚度。

4 当使用两台摊铺机摊铺时，两台摊铺机应有一定的搭接宽度，搭接宽度5~10cm，避免出现缝痕，两台摊铺机前后距离不宜超过10m。

5 调好螺旋布料器两端的自动料位器，并使料门开度、链板送料器的速度与螺旋布料器的转速相匹配。螺旋布料器内料位高度宜在全宽度范围内保持一致，减少离析。

6 普通沥青混合料的摊铺速度宜控制在2~4m/min，改性沥青混合料的摊铺速度宜控制在1~3m/min，可根据拌和楼的产量、施工机械配套情况及摊铺厚度、摊铺宽度予以调整，做到均匀、连续摊铺。

7 运料车辆在卸料更换时应做到快捷、有序，保证摊铺机料斗不脱料，尽量减少摊铺机在摊铺过程中收斗，仅在料斗内粘附较多沥青混合料时方需收斗，收斗后应立即连接满载的运料车向摊铺机内喂料。

8 面层压实前，一般不宜人工整修，严禁人员踩踏。若出现局部离析等特殊情况，应在技术人员指导下，由施工人员进场找补或更换混合料；缺陷较严重时，应予铲除，并调整摊铺机或改进摊铺机工艺；当由于机械原因导致严重缺陷时，应立即停止摊铺。

6.5.5 碾压

1 对于双向四车道公路宜配备3台12~14t的双钢轮振动压路机或振荡压路机、2台26~30t的轮胎压路机及1台小型压路机(压边)进行碾压作业(图6.5.5-1、图6.5.5-2)。对于双向四车道以上高速公路，宜按车道的比例增加压路机的数量。

图 6.5.5-1 沥青面层碾压

图 6.5.5-2 小型压路机压边

2 应选择合理的压路机组合方式及碾压步骤。初压应在混合料不产生推移、开裂等情况下尽量在较高温度下进行。AC 型沥青混合料推荐的碾压方式如表 6.5.5-1 所示。

AC 型沥青混合料碾压方式　　　　表 6.5.5-1

碾压阶段	压路机类型	碾压模式
初压	双钢轮振动压路机或振荡压路机	前静后振,1 遍
复压	轮胎压路机	组合碾压 4～6 遍
	双钢轮振动压路机或振荡压路机	
终压	双钢轮振动压路机	静压 2 遍,消除轮迹

3 碾压应按"紧跟、慢压、高频、低幅"的原则进行,初压、复压宜控制在 30m 范围内,压路机应以缓慢而均匀的速度碾压。压路机的适宜碾压速度随初压、复压、终压及压路机的类型而不同,应符合表 6.5.5-2 的规定。

AC 型沥青混合料碾压速度(单位:km/h)　　　　表 6.5.5-2

压路机类型	初压速度	复压速度	终压速度
	适宜	适宜	适宜
钢轮压路机	2～3	3～5	3～5
轮胎压路机	—	3～5	—
钢轮压路机	2～3	4～5	3～5
	静压或振动	振动	静压

4 碾压作业时,应调节好钢轮压路机的喷水量,喷水至雾化状即可或调节成自动间歇式喷水,严禁压路机喷水过大出现漫流现象。

5 轮胎压路机上应装有自动涂油装置,在轮胎压路机碾压作业过程中对胶轮进行自动适量涂油(植物油:水 = 1:2～1:3),防止沥青混合料粘轮。严禁使用柴油、机油等作为压路机隔离剂。

6 压路机不得在未碾压成型的路段上转向、掉头、加水、停留、左右移动位置或突然制动和从刚碾压完毕的路段进出。

7 当天碾压完成尚未冷却的沥青混合料面层上不得停放一切施工设备,以免产生变形,振动压路机在已成型的路面上行驶时应关闭振动。

8 碾压过程中可采用红外热成像仪、无核密度仪、智能碾压监控技术对沥青路面的均匀性进行动态控制。

9 压路机宜安装智能碾压监控设备,实现实时监控碾压速度、遍数的目的,防止混合料欠压和过压,保证路面碾压的均匀性。

6.5.6 施工接缝处理

1 纵向施工缝,由并机梯次摊铺产生的纵向热接缝,应采用松铺斜接缝,已摊铺部分留下 10~20cm 宽暂不碾压,作为后摊铺部分的高程基准面,再由压路机跨缝碾压,以消除缝迹。

2 横向施工缝宜采用平接缝,做到紧密黏结,充分压实,连接平顺。先用 3m 直尺检查端部平整度,以平整度 3mm 为标准,切除端部平整度大于 3mm 的路面部分,在竖切面上涂抹改性乳化沥青;继续摊铺时,摊铺机熨平板从接缝处起步摊铺;碾压时用钢轮压路机进行横向压实,从先铺面层上跨缝逐渐移向新铺面层,接缝碾压完毕再纵向碾压新铺面层。

3 上、下层横缝应错开 1m 以上,中、上面层横向施工缝应远离桥梁伸缩缝 20m 以外,以确保伸缩缝两边铺装层表面的平顺。

4 接缝处摊铺层施工结束后再用 3m 直尺检查平整度。当不符合要求时,应立即处理。

6.5.7 交通管制

1 热拌沥青混合料路面应待摊铺层完全自然冷却,混合料表面温度低于 50℃后,方可开放交通。

6.6 质量控制

6.6.1 各进场原材料的质量检测按表 6.6.1 规定的检测项目与频率确定。

原材料检测项目及频率要求　　　表 6.6.1

材　料	检测项目	检测频率	质量要求
粗集料	外观	每 2000m³ 不少于 1 次	符合本指南表 3.4.4-1 的要求
	颗粒组成(筛分)		
	针片状颗粒含量		
	软石含量	每 6000m³ 不少于 1 次	
	密度		
	吸水率		
	与沥青黏附性		
	压碎值		
	高温压碎值(上面层)	必要时	
	磨光值		
	洛杉矶磨耗值		

续上表

材　料	检测项目	检测频率	质量要求
细集料	颗粒组成(筛分)	每1000m³不少于1次	符合本指南表3.4.4-2的要求
	砂当量		
	亚甲蓝值		
	密度	必要时	
矿粉	含水率	每200t不少于1次	符合本指南第6.2.3条的要求
	亲水系数		
	<0.075mm含量		
	外观	随时	
	密度	必要时	
普通沥青	针入度	每车1次	符合本指南表6.2.4-1的要求
	软化点		
	延度		
	密度	必要时	
	60℃动力黏度		
	RTFOT后延度		
	含蜡量		
改性沥青	针入度	每车1次	符合本指南表6.2.4-2的要求
	软化点		
	延度		
	SBS含量*		
	弹性恢复	必要时	
	储存稳定性		
	RTFOT后延度		
	PG分级试验		

注：* SBS含量检测方法详见本指南附录D。

6.6.2 沥青混合料生产过程应按表6.6.2确定的项目和频度检查沥青混合料的质量。

沥青混合料质量控制内容及要求　　　　表6.6.2

项　目		质量要求或允许偏差		检查频度	试验方法
		高速公路、一级公路	其他等级公路		
混合料外观		观察集料粗细、均匀性、离析、油石比、色泽、冒烟、有无花白料、油团等各种现象		随时	目测
拌和温度	沥青、集料的加热温度	符合本指南第6.5.1条的要求		逐盘检测评定	传感器自动检测、显示并打印
	混合料出厂温度	符合本指南第6.5.1条的要求		逐车检测评定	出厂时逐车按T 0981人工检测
				逐盘测量记录，每天取平均值评定	传感器自动检测、显示并打印

续上表

项目		质量要求或允许偏差		检查频度	试验方法
		高速公路、一级公路	其他等级公路		
矿料级配，与设计标准级配的差（%）	0.075mm	±2	—	逐盘在线检测	计算机采集计算
	≤2.36mm	±4	—		
	≥4.75mm	±5	—		
	0.075mm	±1	—	逐机检查，每天汇总1次取平均值评定	现行《公路沥青路面施工技术规范》（JTG F40）附录G总量检验
	≤2.36mm	±2	—		
	≥4.75mm	±2	—		
	0.075mm	±2	±2	每台拌和楼每天1~2次，以2个试样的平均值评定	T 0725抽提筛分与标准级配比较的差
	≤2.36mm	±3	±6		
	≥4.75mm	±4	±7		
沥青用量（油石比）（%）		±0.3	—	逐盘在线监测	计算机采集计算
		±0.1	—	逐机检查，每天汇总1次取平均值评定	现行《公路沥青路面施工技术规范》（JTG F40）附录F总量检验
		±0.2	±0.4	每台拌和楼每天1~2次，以2个试样的平均值评定	T 0722
马歇尔试验	稳定度（kN）	符合本指南第6.3.1条的规定		每台拌和楼每天1~2次，以4~6个试件的平均值评定	T 0702、T 0709、现行《公路沥青路面施工技术规范》（JTG F40）附录B、附录C
	流值（0.1mm）	符合本指南第6.3.1条的规定			
	空隙率（%）	符合本指南第6.3.1条的规定			
沥青混合料理论最大相对密度		—		集料类型或密度变化时	T 0711
浸水马歇尔试验		符合本指南表6.3.1-2或表6.3.1-3的规定		必要时（试件数同马歇尔试验）	T 0702、T 0709
肯塔堡浸水飞散损失		符合本指南表6.3.1-2或表6.3.1-3的规定		必要时（以1组试件的平均值评定）	T 0733
车辙试验		符合本指南表6.3.1-2或表6.3.1-3的规定		必要时（以3个试件的平均值评定）	T 0719
GTM旋转剪切压实试验		旋转稳定值GSI≤1.05，旋转剪切系数GSF≥1.50		必要时（以3个试件的平均值评定）	T 0737

6.6.3 沥青混合料面层质量控制标准应符合表6.6.3的要求。

沥青混合料路面施工质量控制标准   表6.6.3

项 目		质量要求或容许误差		检 查 频 率	试 验 方 法
		高速公路、一级公路	其他等级公路		
外观		表面平整密实,不得有明显轮迹、裂缝、推挤、油包等缺陷,且无明显离析		随时	目测
接缝	外观	紧密平整、顺直、无跳车		随时	目测
	平整度	≤3mm	≤5mm	逐条缝检测评定	T 0931
施工温度	摊铺温度	符合本指南规定		逐车检测评定	T 0981
	碾压温度	符合本指南规定		随时	T 0981
厚度与设计值的差	总厚度	设计值的 -5%	设计值的 -8%	每2000m² 一点单点评定	T 0912
	上面层	设计值的 -10%	设计值的 -10%	每2000m² 一点单点评定	T 0912
压实度		≥马歇尔标准密度的98%;最大理论密度的93%~97%;≥旋转压实密度的97%		每2000m² 检查1组逐个试件评定并计算平均值	T 0924
平整度(最大间隙)	上面层	≤3mm	≤5mm	随时,接缝处单杆评定	T 0931
	中下面层	≤5mm	≤7mm	随时,接缝处单杆评定	T 0931
平整度(标准差)	上面层	≤1.0mm	≤2.5mm	每车道连续测定	T 0932
	中面层	≤1.2mm	≤2.8mm	每车道连续测定	T 0932
	下面层	≤1.5mm	≤3.0mm	每车道连续测定	T 0932
国际平整度指数	上面层	≤2.0 m/km	≤4.2 m/km	每车道连续测定	T 0933
宽度		不小于设计宽度		每100m 2个断面	尺量
纵断面高程		±10mm	±15mm	每100m 3个断面	水准仪
横坡度		±0.3%	±0.5%	每100m 3个断面(检测每个断面)	水准仪
渗水系数	密级配沥青混合料	≤200mL/min(下面层) ≤120mL/min(中面层) ≤100mL/min(上面层)	≤300mL/min	每1km 不少于5点,每点3处取平均值	T 0971
抗滑性能	横向力系数	≥54	—	每车道连续测定	T 0965
	构造深度	≥0.7mm	—	每1km 不少于5点,每点3处取平均值	T 0961

注:当确认无损检测试验方法有效时,可采用无损检测方法进行施工过程中路面厚度、压实度检测。

6.6.4　为提高沥青路面抗水损害性能,中、下面层渗水系数合格率应不小于85%,上面层渗水系数合格率应不小于90%。

6.6.5　施工过程中应随时对路面进行外观(色泽、油膜厚度、表面空隙)检查,发现路面局部渗水、严重离析或压实度不足时,应采取补救措施。

7 SMA 路面

7.1 一般规定

7.1.1 SMA 路面施工环境温度应不低于 10℃，严禁在雨天、路面潮湿条件下施工。施工期间，应注意天气变化，已摊铺的沥青混合料层因遇雨未进行压实的应予以铲除。

7.1.2 SMA 沥青混合料应采用间歇式拌和楼拌和，应配备有材料配比和施工温度的自动检测和记录设备，每台拌和楼应配备不少于 2 台纤维稳定剂的自动投料装置，并宜具有纤维添加量超限报警功能。

7.1.3 应重点关注纤维稳定剂的纤维长度、吸油率和有效分散性。除按规范要求对纤维稳定剂进行质量检测外，还需对所用的纤维分散性进行检查，分散效果差的应停止使用。

7.1.4 使用颗粒状纤维时，除检验纤维质量外，还应对造粒剂进行相关的质量检验，应慎用对路用性能有不利影响的蜡质颗粒状纤维。

7.2 原材料要求

7.2.1 SMA 沥青混合料路面应使用石质坚硬、表面粗糙、形状接近立方体的破碎集料，以保证集料形成嵌挤结构。粗集料的技术指标应符合表 3.4.4-1 的规定。

7.2.2 粗集料的规格宜按表 7.2.2 确定。粗集料的单档集料级配应符合表 3.2.2 的规定。

粗集料规格（单位：mm）　　　　　表 7.2.2

混合料类型	粗集料规格
SMA-13	9.5～13.2、4.75～9.5、2.36～4.75
SMA-10	4.75～9.5、2.36～4.75

7.2.3 细集料应采用机制砂,细集料规格应符合表6.2.2的要求,技术指标应符合表3.4.4-2的要求。

7.2.4 填料必须采用石灰石等碱性石料磨细的矿粉,矿粉质量应符合现行《公路沥青路面施工技术规范》(JTG F40)的规定。

7.2.5 SMA沥青混合料应采用改性沥青。改性沥青应符合本指南表6.2.4-2和表6.2.4-3的要求。

7.2.6 SMA沥青混合料中掺加的纤维稳定剂宜选用木质素纤维,纤维的质量应符合现行《沥青路面用纤维》(JT/T 533)的技术要求。

7.3 配合比设计

7.3.1 SMA沥青混合料配合比设计应严格按照目标配合比设计、生产配合比设计及生产配合比验证三个阶段进行。

7.3.2 上面层SMA沥青混合料宜采用SMA-13或SMA-10,采用马歇尔法进行配合比设计,配合比设计程序可参见本指南附录E的有关规定。推荐的矿料级配范围见表7.3.2。

SMA沥青混合料的矿料级配范围 表7.3.2

混合类型		下列筛孔(mm)通过率(%)								
		16	13.2	9.5	4.75	2.36	1.18	0.6	0.3	0.15	0.075
SMA-13	上限	100	100	75	34	26	24	20	16	15	12
	下限	100	90	50	20	15	14	12	10	9	8
	中值	100	95	62.5	27	20.5	19	16	13	12	10
SMA-10	上限	100	100	100	60	32	26	22	18	16	13
	下限	100	100	90	28	20	14	12	10	9	8
	中值	100	100	95	44	26	20	17	14	12.5	10.5

7.3.3 SMA沥青混合料马歇尔试验各项技术指标应符合表7.3.3的规定。

SMA沥青混合料马歇尔试验技术要求 表7.3.3

试验项目	技术要求
击实次数①	两面击实50次
稳定度(kN)	≥6
流值(0.1mm)	20~50
空隙率(%)②	3.0~4.5
矿料间隙率(%)③	≥17
粗集料骨架间隙率 VCA_{mix}	≤VCA_{DRC}
沥青饱和度(%)	75~85
残留马歇尔稳定度(%)	≥85

续上表

试 验 项 目	技 术 要 求
冻融劈裂试验的强度残留强度比(%)	≥80
谢伦堡沥青析漏试验的结合料损失(%)	≤0.1
肯塔堡飞散试验的混合料损失(%)	≤15
70℃车辙动稳定度 DS(0.7MPa,次/mm)	≥3500(上面层) ≥3000(中面层)
60℃车辙动稳定度 DS(0.7MPa,次/mm)	≥6000(上面层) ≥6000(中面层)
渗水系数(mL/min)	≤80

注：①对集料坚硬不易击碎，通行重载交通的路段，击实次数为双面75次。
②对高温稳定性要求较高的重交通路段或炎热地区，设计空隙率允许放宽到4.5%，VMA允许放宽到16.5%。
③试验粗集料骨架间隙率VCA的关键性筛孔，SMA-13的关键筛孔是4.75mm、SMA-10的关键筛孔是2.36mm。

7.4 试验段铺筑

7.4.1 SMA路面正式施工前，应先铺筑试验段。施工单位应拟定试验段铺筑方案，经监理工程师审批后，铺筑试验段。

7.4.2 试验段宜选在直线段，长度不少于500m。

7.4.3 试验段施工应分为试拌和试铺两个阶段。通过试验段施工，应确定下列内容：

1 根据各种机械的施工能力相匹配的原则，确定适宜的施工机械，按生产能力决定机械数量与组合方式。

2 通过试拌，应确定下列内容：

1）拌和机的操作方式：上料速度、加料程序、矿粉的加料方式、拌和数量与拌和时间、拌和温度等。

2）验证生产配合比，确定正式生产用的矿料配合比和油石比。

3）纤维添加方式和计量检验。

3 通过试铺，应确定下列内容：

1）摊铺机的操作方式：摊铺方法、摊铺温度、摊铺速度、初步振捣夯实的方法和强度、自动找平方式等。

2）压实工艺：压实顺序、碾压温度、碾压速度、静压与振压最佳遍数、压路机类型组合、压路机型号与吨位、压路机振幅、频率与行走速度的组合等。

3）施工缝处理方法。

4）松铺系数(1.08~1.20)。

4 确定施工产量及作业段的长度，修订施工组织计划。

5　全面检查材料及施工质量。

6　确定施工组织及管理体系、质保体系、人员、机械设备、检测设备、通信及指挥方式。

7.4.4　在试验段的铺筑过程中,监理工程师应检查施工工艺、技术措施,测温、观色、取样,并记录试验与检测结果,检查各种技术指标情况,对出现的问题提出改进意见。

7.4.5　试验段施工结束后,施工单位、监理单位和检测中心均应按规范格式编写详细的试验段施工总结报告,确定最优的施工方案后,报备建设单位。

7.4.6　沥青路面试验段经检验合格,作为正常路段的一部分。若不符合要求,经采取补救措施后仍无法满足使用功能的路段应铲除重铺。

7.5　施工工艺

7.5.1　拌和

1　沥青混合料应采用间歇式拌和机拌和。拌和机应配备计算机设备,拌和过程中应逐盘采集并打印各传感器测定的材料用量和沥青混合料拌和量、拌和温度等各项参数。

2　拌和机各种传感器应定期检定,应充分重视拌和机的标定,开工前进行标定,在施工过程中定期(每月1次)进行自校,发现级配、用油量异常应停止拌和查找原因。

3　纤维应采用具有电子称重计量功能的专用设备进行投放,保证剂量准确,并定期对设备进行标定。

4　应根据目标配合比和石料的干湿程度确定各冷料仓的理论供料比例,通过试拌检测实际生产配合比的用料比例,确定放料比例后,不得随意变化。

5　SMA沥青混合料拌和时间应根据具体情况由试拌确定,保证沥青均匀裹覆、无花白料,拌和周期宜为60~70s。拌和时间及加料次序宜按表7.5.1确定。

改性沥青SMA混合料拌和时间及加料次序　　　　表7.5.1

生产次序	1	2	3	4
生产环节	加集料、加纤维	加矿粉	加沥青	出料
拌和时间	干拌约10s,湿拌约50s,总拌和周期60~70s			

6　改性沥青的拌和温度应为165~170℃,集料的烘干温度应为190~200℃。混合料的出厂温度应为175~185℃。温度高于195℃的混合料应废弃。

7　每台拌和楼应每天上午、下午各做一组马歇尔试验和抽提筛分试验,检验油石比、矿料级配和SMA沥青混合料的物理力学性质,每周应检验1~2次残留稳定度。

8　SMA混合料储存过程中混合料温降不得大于10℃,储存时间不得超过6h,且不发生沥青滴漏。

7.5.2　运输

1　SMA混合料的沥青玛蹄脂黏性较大,运料车每次使用前后应清扫干净,并涂刷隔离剂。装车过程中应按图4.4.2的装料顺序分5次装料,以免形成锥形料堆。

2 运料车应采用厚苫布严密覆盖,卸料过程中仍继续覆盖,直到卸料结束。在气温较低时运料车车厢侧面应加装保温层,确保混合料温度稳定。

3 运输途中不得随意行驶,尽量匀速进行避免突然制动。运料车进入摊铺现场时,轮胎上不得沾有泥土等可能污染路面的脏物。

4 卸料过程中,运料车在摊铺机前 10～30cm 处停住,运料车不得撞击摊铺机。卸料过程中运料车应挂空挡,靠摊铺机推动前进。

5 运输到摊铺现场的混合料,如温度不符合要求或遭雨淋,应作废弃处理。

7.5.3 摊铺

1 摊铺宜采用大功率摊铺机整机全幅摊铺;也可采用两台以上摊铺机并机摊铺,两幅之间应有 5～10cm 宽的搭接,并避开车道轮迹带,上下层的搭接位置应错开 20cm 以上。

2 摊铺机开工前应提前 0.5～1h 预热熨平板至不低于 100℃。摊铺机应缓慢、均匀、连续不间断地摊铺,不得随意变换速度或中途停顿。摊铺过程中避免其他物体碰撞摊铺机。

3 沥青混合料摊铺速度宜控制在 1～3m/min。当发现混合料出现明显的离析、波浪、裂缝、拖痕时,应分析原因,予以消除。

4 摊铺机应采用自动找平方式,宜采用非接触式平衡梁进行摊铺厚度控制。

5 SMA 沥青混合料的松铺系数可通过试铺加以确定,一般略小于普通沥青混合料。

7.5.4 碾压

1 双向四车道公路施工宜配置 5 台双钢轮压路机,双向六车道公路施工宜配备 6 台双钢轮压路机,双向八车道公路施工宜配备 8 台双钢轮压路机。

2 压路机应以缓慢而均匀的速度跟在摊铺机后及时碾压,压路机的碾压路线及碾压方向不应突然改变而导致混合料推移。碾压区的长度应大体稳定,压路机折返时关闭振动,两端的折返位置应随摊铺机前进而推进,横向不得在相同的断面上。

3 碾压时应将驱动轮面向摊铺机,在坡道上碾压时应将驱动轮由低向高碾压。压路机碾压过程中必须严格控制喷水量且呈雾状,不得漫流,以防混合料降温过快。应经常检查喷嘴堵塞情况。

4 复压应紧跟在初压后进行且不得随意停顿。压路机碾压段的总长度应尽量缩短,通常不超过 40～60m。

5 SMA 必须采用钢轮压路机碾压,不得采用轮胎压路机碾压。初压温度应不小于 160℃,复压温度应不小于 140℃,碾压终了温度应不小于 110℃。

6 应选择合理的压路机组合及碾压方式。初压应在混合料不产生推移的情况下,尽量在较高温度下进行。初压应采用双钢轮压路机,宜碾压 1～2 遍;复压应采用双钢轮压路机碾压,宜碾压 3～4 遍;终压应采用钢轮压路机,宜碾压 1～2 遍,碾压至路面无轮迹,碾压方式宜按表 7.5.4-1 确定。

SMA 沥青混合料碾压方式 表 7.5.4-1

碾压阶段	压路机类型	碾压模式
初压	双钢轮振动压路机或振荡压路机	前静后振压1遍
复压	双钢轮振动压路机或振荡压路机	前后振压各3~4遍
终压	双钢轮振动压路机	静压2遍,消除轮迹

7 压路机应匀速碾压。压路机的碾压速度随初压、复压、终压及压路机的类型而异,可按表7.5.4-2确定。

SMA 沥青混合料碾压速度 表 7.5.4-2

压路机类型	初压速度(km/h)	复压速度(km/h)	终压速度(km/h)
钢轮压路机(静压)	2~3	3~5	3~5
钢轮压路机(振动)	2~4	4~5	—

8 SMA 路面摊铺后应及时碾压,由专人负责指挥协调各台压路机的碾压路线和碾压遍数,使摊铺面在较短时间内达到规定压实度。

9 对松铺厚度、碾压顺序、碾压遍数、碾压速度及碾压温度应设专岗检查。SMA 路面应严格控制碾压遍数,以压实度达到马歇尔密度的98%以上为宜,不再做过度碾压。如碾压过程中发现有沥青玛蹄脂上浮或石料压碎、棱角明显磨损等过碾压的现象时,应停止碾压。

10 当采用 SMA 混合料进行桥面铺装时,宜采用振荡压路机进行压实。

7.5.5 施工温度

1 SMA 混合料的施工温度应根据实践经验和表7.5.5确定。

SMA 路面施工温度控制范围 表 7.5.5

工 序	正常施工温度范围(℃)	测量部位
改性沥青加热温度	165~170	沥青加热罐
集料加热温度	190~200	热料提升斗
SMA 混合料出厂温度	175~185	运料车
混合料最高温度(废弃温度)	不高于195	运料车
混合料储存温度	降低不超过10	储存罐及运料车
摊铺温度	不低于165	摊铺机
初压开始温度	不低于160	摊铺层内部
复压最终温度	不低于140	碾压层内部
碾压终了温度	不低于110	碾压层内部
开放交通温度	不高于50	路面内部或路表面

7.5.6 施工接缝处理

1 施工接缝处理应符合本指南第6.5.6条的有关规定,保证接缝处的平整度。

7.5.7 交通管制

1 SMA 路面摊铺层完成后,宜封闭交通 1~2d 再开放交通。

7.6 质量控制

7.6.1 SMA 路面施工过程中,如发现"油盯"或局部光面较多时,应仔细检查油石比、矿料级配、拌和情况,纤维、矿粉结团和用量等,与设计严重不符的应铲除并及时整改。

7.6.2 SMA 路面的施工质量检验应符合表 7.6.2 的规定。

SMA 路面施工质量检验要求　　表 7.6.2

项　目	检查频度	质量要求或允许差	试验方法
外观	随时	无油盯、离析、轮迹等现象	目测
接缝	随时	紧密、平整、顺直、无跳车	目测、3m 直尺
施工温度	1 次/车	符合本指南表 7.5.5 要求	T 0981
矿料级配	每台拌和机 2 次/d	下列筛孔与设计标准配合比的容许差: 0.075mm:±2% ≤4.75mm:±4% ≥9.5mm:±5%	T 0725
油石比	每台拌和机 2 次/d	+0.1% ~ -0.1%	T 0722
马歇尔试验:稳定度、流值、密度、空隙率	每台拌和机 2 次/d	符合设计要求①	T 0702、T 0709、现行《公路沥青路面施工技术规范》(JTG F40) 附录 B、附录 C
车辙试验	必要时	不小于设计要求	T 0719
渗水系数	单幅 10 点/km	不大于 100mL/min	T 0971
构造深度	单幅 10 点/km	0.8mm ~ 1.2mm②	T 0961
横向力系数	连续测试	不小于 45(交工) 不小于 54(竣工)	T 0965
压实度	单幅 10 点/km	不小于马歇尔密度的 98%(单点检验)	T 0924
现场空隙率	单幅 10 点/km	3.5% ~ 6.0%③	

注:①制作方式可采用:a.拌和厂取样,装在保温桶快速送达试验室,立即制作,若温度稍有降低,试样可在烘箱中适当加热,但不得用电炉或明火加热;b.在摊铺现场直接取样装入试模,用小型压路机或其他适宜的方式碾压成型;c.不得采用取样后放冷,在试验室长时间保存,二次加热重塑的试件进行车辙试验。
②如果确实证明不渗水,构造深度容许超出上限。
③表中未列出的项目:厚度、宽度、纵断面高程、横坡、中线平面偏位、弯沉值等均与一般热拌沥青混凝土路面的要求相同。

7.6.3 中、下面层渗水系数合格率应不小于 85%,上面层渗水系数合格率应不小于 90%。

8 透层、下封层和黏层

8.1 透层

8.1.1 一般规定

1 透层施工前,应彻底清除原路面的泥土、杂物,修补坑槽、凹陷。

2 透层施工宜采用智能型洒布车一次均匀洒布,对于部分洒布量不够或未洒到位的区域应及时进行补洒。

3 沥青洒布应首先选择试验段进行试洒,确认沥青质量、稠度、用量、渗透性等指标满足技术要求,沥青洒布车行走速度、喷嘴型号、喷洒调试、喷雾工况适宜后,方可正式施工。

4 沥青洒布车喷嘴的轴线应与路面垂直,并保证所有喷嘴的角度一致,同时保证洒布管的高度,宜使同一位置能够接受2个或3个喷洒嘴喷洒。

5 当遇到气温低于10℃、大风、即将降雨的情况之一时,不得进行透层施工。

6 透层施工结束后,应立即进行封闭管理,避免后期污染。

8.1.2 材料要求

1 透层油宜采用渗透性好的乳化沥青或改性乳化沥青,质量应符合表8.1.2和现行《公路沥青路面施工技术规范》(JTG F40)的相关规定。

道路用乳化沥青透层油技术要求 表8.1.2

试验项目		代号及技术要求 PC-2/PA-2/PN-2	试验方法
破乳速度		慢裂	T 0658
筛上残留物(1.18mm筛)(%)		≤0.1	T 0652
黏度	恩格拉黏度 E_{25}	1~6	T 0622
	道路标准黏度 $C_{25,3}(s)$	8~20	T 0621

续上表

试 验 项 目		代号及技术要求	试 验 方 法
		PC-2/PA-2/PN-2	
蒸发残留物	残留分含量(%)	≥50	T 0651
	溶解度(%)	≥97.5	T 0607
	针入度(25℃)(0.1mm)	50～300	T 0604
	延度(15℃)(cm)	≥40	T 0605
与粗集料的黏附性,裹覆面积		≥2/3	T 0654
常温储存稳定性(%)	1d	≤1	T 0655
	5d	≤5	

8.1.3 施工要点

1 应在基层养生7d后揭开养生薄膜,等表面稍干,立即喷洒透层油;透层每次施工段落长度根据洒布车装油的数量决定。

2 透层油宜采用智能型沥青洒布车喷洒,洒布量通过试验确定,一般为0.8～1.2L/m²。透层油喷洒后,基层表面不得有漏洒及浮油现象,在后期施工车辆作用下不得粘起透层沥青。

3 透层油宜用沥青洒布车一次喷洒均匀,注意起步、终止以及纵向搭接处的洒布量,花白处应人工补洒,喷洒过量的立即撒布石屑或砂吸油,必要时适当碾压。

4 洒布完成后应及时封闭交通,不得有车辆通行,待水分蒸发后应尽早施工下封层。

8.1.4 质量控制

1 透层油的质量应符合现行《公路沥青路面施工技术规范》(JTG F40)的有关规定。

2 采用钻孔或挖掘检查透层油渗透半刚性基层的深度,宜不小于5mm。对于级配碎石基层的透层深度应通过试验确定。

3 透层的检测项目、检测频率、技术标准及试验方法应符合表8.1.4的规定。

透层检测项目及标准 表8.1.4

检测项目	检测频率	技术标准	试验方法
外观	随时	外观均匀一致,与下承层表面牢固黏结,不起皮	目测为主
沥青	每批检查1次	符合设计要求	现行《公路工程沥青及沥青混合料试验规程》(JTG E20)
洒布量	1000m²1组	符合设计要求	洒布时固定容器收集

8.2 下封层

8.2.1 一般规定

1 下封层宜选择干燥、较热的天气施工。当遇到气温低于10℃、大风、即将降雨的情况之一时,不得进行下封层施工。

2 下封层施工前,应将下承层表面清扫干净,再用2~3台森林灭火鼓风机将浮灰吹净,必要时用水冲洗;雨后或用水清洗的表面,水分必须蒸发干净。

3 下封层应采用同步碎石封层,施工宜采用智能型同步碎石洒布车一次均匀洒布。

4 下封层宜在沥青铺装施工前1~2d内进行施工,施工结束后,立即进行封闭管理,杜绝后期污染。

8.2.2 同步碎石下封层材料要求

1 同步碎石下封层应采用道路石油沥青(A级70号)、SBS改性沥青等,质量应符合本指南的有关规定。

2 同步碎石下封层集料应采用石质坚硬、清洁、不含风化颗粒的碎石。宜选用反击式破碎机轧制的公称粒径4.75~9.5mm的瓜米石。其质量要求应符合本指南的有关规定。

3 集料中小于0.075mm颗粒含量不应大于0.8%;当粉尘含量较大时,可通过沥青拌和楼进行除尘。

4 为增强碎石的黏结效果,可采用0.2%~0.3%的沥青对碎石进行预拌。

8.2.3 同步碎石下封层施工要点

1 下封层道路石油沥青应加热至155~165℃,改性沥青宜加热至165~175℃。

2 沥青和碎石洒布量应符合表8.2.3的规定,用于水泥路面滑动封层时,宜适当提高集料的撒布量。

下封层材料规格及用量　　表8.2.3

下封层类型	沥青		集料	
	名称	洒布量(kg/m²)	规格(mm)	撒布量
改性沥青+碎石	改性沥青	1.2~1.4	4.75~9.5	覆盖70%~80%
道路石油沥青+碎石	道路石油沥青	1.0~1.2	4.75~9.5	覆盖70%~80%

3 同步碎石下封层洒布作业完成后,宜用轻型轮胎压路机均匀碾压1~2遍,每次碾压重叠1/3轮宽。碾压应做到两侧到边,确保有效压实宽度,施工效果见图8.2.3。碾压完毕后应封闭交通。

图8.2.3 碎石封层施工效果

8.2.4 质量控制

1 下封层的检测项目、检测频率、技术标准及试验方法应符合表8.2.4的规定。

下封层检测技术标准　　　　　　　　　　表8.2.4

检测项目	检测频率	技术标准	试验方法
外观	随时	外观均匀一致,与下承层表面牢固黏结,无松散、不起皮,无油包和下承层外露现象	目测为主
沥青质量	每批检查1次	符合设计要求	现行《公路工程沥青及沥青混合料试验规程》(JTG E20)
沥青洒布量	1000m² 测一组	符合设计要求	洒布时固定容器收集
集料撒布量	每施工段测一次	符合设计要求	每施工段总量检查

8.3 黏层

8.3.1 一般规定

1 沥青各面层之间应设置黏层。

2 黏层宜选择干燥和较热的天气施工。当遇到气温低于10℃、大风、即将降雨的情况之一时,不得进行黏层施工。

3 黏层应在上覆层施工当天进行,不宜过早施工。

4 下承层表面污染物应清除干净,必要时可用水冲刷洗净,待表面干燥后施工黏层。

5 结构物与沥青层接触部位,应均匀涂刷黏层油,同时还应注意保护桥头、涵顶及路面两侧的结构物不受污染。

6 黏层施工结束后,应立即进行封闭管理,避免后期污染。

8.3.2 黏层材料要求

1 黏层材料宜采用热沥青、改性热沥青或改性乳化沥青,其质量应符合现行《公路沥青路面施工技术规范》(JTG F40)的有关规定。

8.3.3 黏层施工要点

1 洒布数量宜通过试验确定,一般宜为0.3~0.6L/m²,喷洒应均匀,注意起步或终止和接缝的洒布量。

2 喷洒的黏层油应呈均匀雾状,在路面全宽度内均匀分布一薄层,不得有洒花漏空或呈条状,也不得有堆积。对于局部喷洒量过多的部位应刮除,对于漏洒的应人工补洒。在路缘石、雨水进水口、检查井等局部位置采用人工涂刷。

3 沥青洒布车喷嘴的轴线应与路面垂直,并保证所有喷嘴的角度一致,同时保证洒布管的高度,宜使同一位置能够接受2个或3个喷洒嘴喷洒。

4 喷洒黏层油后,应封闭交通、养护管理。

8.3.4 质量控制

1 施工过程中随时进行外观检查,确保黏层油洒布均匀。

2 黏层的检测项目、检测频率、技术标准及试验方法应符合表8.3.4的规定。

黏层技术标准　　　　　　表8.3.4

检测项目	检测频率	技术标准	试验方法
外观	随时	外观均匀一致,与下承层表面牢固黏结,不起皮	目测为主
黏层质量	每批检查1次	符合现行《公路沥青路面施工技术规范》(JTG F40)规定	按现行《公路工程沥青及沥青混合料试验规程》(JTG E20)进行
沥青洒布量	1000m² 检测1组	符合设计要求	洒布时采用固定容器收集

9 水泥混凝土面层

9.1 一般规定

9.1.1 水泥混凝土面层应采用间歇强制式拌和楼集中拌和,主线宜使用滑模摊铺机进行摊铺;当条件受限时,可采用三辊轴机组方式施工。在滑模摊铺机和三辊轴机组无法作业的局部位置,可采用小型机具施工。

9.1.2 水泥混凝土面层施工如遇下述情况之一,不得施工:

1 现场降雨。
2 风力大于6级,风速在10.8m/s以上的强风天气。
3 现场气温高于40℃或拌合物摊铺温度高于35℃。
4 摊铺现场连续5昼夜平均气温低于5℃。

9.1.3 水泥的入罐温度应不超过60℃,拌合物的出料温度超过35℃时,应采取降温措施。

9.1.4 加强水泥混凝土路面施工质量控制,应使用带自动找平的摊铺机施工,严格控制坍落度指标。

9.2 原材料要求

9.2.1 水泥

1 水泥混凝土面层宜采用旋窑生产的道路硅酸盐水泥,也可采用普通硅酸盐水泥,不宜采用早强或早凝水泥。选用水泥时,应根据混凝土配合比试验,及设计弯拉强度、耐久性和工作性优选适宜的水泥品种、强度等级。

2 水泥抗折强度、抗压强度、化学成分、物理指标、耐磨性等应符合现行《公路水泥混凝土路面施工技术细则》(JTG/T F30)的有关规定。

3　散装水泥应使用水泥储罐储存。当水泥储存时间过长时,应取样检测储存水泥的各项性能,确认合格后使用。在同一路段上铺筑水泥混凝土面层时,不得使用2种或以上不同品牌的水泥。

9.2.2　集料

1　粗集料应符合下列规定:

1)粗集料应使用质地坚硬、耐久、洁净,粒径大于4.75mm的碎石,技术指标应符合现行《公路水泥混凝土路面施工技术细则》(JTG/T F30)中不低于Ⅱ级的规定。

2)粗集料不得使用不分级的统料,应按最大公称粒径的不同采用2~4个粒级的集料进行掺配,粒级可分为4.75~9.5mm、9.5~16mm、9.5~19mm、16~26.5mm、19~26.5mm、16~31.5mm 6种。碎石最大粒径不应大于31.5mm,碎石中粒径小于0.075mm的石粉含量不宜大于1%。

2　细集料应符合下列规定:

1)细集料应采用质地坚硬、耐久、洁净的天然砂、机制砂或混合砂,技术指标应符合现行《公路水泥混凝土路面施工技术细则》(JTG/T F30)不低于Ⅱ级的规定。

2)细集料的级配应符合现行《公路水泥混凝土路面施工技术细则》(JTG/T F30)的规定,天然砂的细度模数在2.0~3.5之间。同一配合比用砂的细度模数变化范围不应超过0.3,超过的应分别堆放。

3)水泥混凝土所使用的机制砂应检验母岩的磨光值,其值应不小于35,不宜使用抗磨性较差的泥岩、页岩、板岩等水成岩类母岩品种生产的机制砂。配制机制砂混凝土应同时掺复合减水剂。

9.2.3　水

1　水泥混凝土用水应洁净,不得含有害物质。来自可疑水源的水应按照现行《混凝土用水标准》(JGJ 63)要求进行化验鉴定,合格后方可使用。

9.2.4　外掺材料

1　粉煤灰宜采用散装灰,其技术指标应符合现行《公路水泥混凝土路面施工技术细则》(JTG/T F30)规定的Ⅰ级、Ⅱ级粉煤灰各项技术要求。

2　使用的减水剂、缓凝剂、抗渗剂、引气剂等外加剂质量应符合现行《公路水泥混凝土路面施工技术细则》(JTG/T F30)各项技术要求,且必须保证供应材料性能的稳定,不得中途更换供应商和品种型号。

9.2.5　钢筋

1　钢筋网、传力杆、拉杆等钢筋应顺直,不得有裂纹、断伤、刻痕、表面油污和锈蚀,质量应符合国家有关标准的技术要求。

2　传力杆钢筋加工应锯断,不得挤压切断;断口应垂直、光圆,用砂轮打磨掉毛刺,并加工成2~3mm圆倒角。

9.2.6　接缝材料

1　胀缝板宜选用能适应混凝土面板膨胀和收缩,施工时不易变形,弹性复原率高,耐久性良好的弹性塑胶板、橡胶泡沫板或沥青纤维板。

2 填缝料应具有与混凝土板缝壁黏结牢固、回弹性好、不溶于水、不渗水、高温时不挤出且不流淌、抗嵌入能力强、耐老化龟裂、负温拉伸量大、低温时不脆裂、耐久性好等性能。

3 填缝料有常温施工式和加热施工式两种。常温施工式填缝料主要有聚(氨)酯、硅树脂类、氯丁橡胶、沥青橡胶类等；加热施工式填缝料主要有沥青玛蹄脂类、聚氯乙烯胶泥类、改性沥青类等。

4 填缝时应使用背衬垫条控制填缝形状系数。背衬垫条应具有良好的弹性、柔韧性、不吸水、耐酸碱腐蚀和高温不软化等性能。背衬垫条材料有聚氨酯、橡胶或微孔泡沫塑料等，其形状应为圆柱形，直径应比接缝宽度大 2~5mm。

5 接缝材料各项技术指标应符合现行《公路水泥混凝土路面施工技术细则》(JTG/T F30)的规定。

9.2.7 其他材料

1 用于胀缝传力杆端部的套帽应采用塑料或塑胶管，厚度应为 1.0~2.0mm，要求端部密封不透水，内径较传力杆直径大 1.0mm，套帽长度为 270mm，顶部空隙长度为 30mm。

2 养生剂宜选用一级品，喷洒剂量不少于 0.3kg/m^2。不得使用易被雨水冲刷掉和对混凝土强度有影响的养生剂。

9.3 配合比设计

9.3.1 水泥混凝土路面的配合比设计程序、方法应按照现行《公路水泥混凝土路面施工技术细则》(JTG/T F30)要求进行。

9.3.2 水泥混凝土的配合比设计时，水泥用量应按弯拉强度、工作性、耐久性、经济性 4 项技术经济要求选定，即在满足弯拉强度、工作性、耐久性 3 项技术要求的前提下，以混凝土单位重量水泥用量最小为经济性评价标准。当采用强度等级为 42.5 的水泥时，水泥用量宜为 360~400kg/m^3，水灰比不应超过 0.44；掺用粉煤灰时，最大胶材总量宜不大于 420kg/m^3。

9.3.3 在进行配合比设计时，应针对减水剂品种、施工时的气温条件及施工工艺，按现行《公路水泥混凝土路面施工技术细则》(JTG/T F30)选择混凝土坍落度，并测试混凝土坍落度随时间延长的损失变化规律，以便指导路面混凝土的摊铺施工。

9.3.4 当掺用引气剂时，通过含气量试验确定引气剂掺量。引气剂与减水剂或其他外加剂复配在同一水溶液中时，应注意它们的可共溶性，防止外加剂溶液发生絮凝、沉淀现象；如产生絮凝、沉淀现象，应分别加入搅拌机拌匀。

9.4 施工工艺

9.4.1 施工准备

1 作业面检查、清理及缺陷修复，应确保下承层表面平整、密实、无任何松散、积水、污染等现象。

2 基准线设置应符合下列规定：

1）滑模摊铺混凝土面层的施工应设置基准线。基准线设置形式应采用单向坡双线式或双向坡双线式。

2）基准线宽度除应保证摊铺宽度外，应满足两侧650～1000mm横向支距的要求。基准线桩纵向间距：直线段不应大于10m；竖、平曲线路段视曲线半径大小应加密布置，最小2.5m。

3）线桩固定时，基层顶面到夹线臂的高度宜为450～750mm。基准线桩夹线臂夹口到桩的水平距离宜为300mm。基准线桩应钉牢固。

4）单根基准线的最大长度不宜大于450m。基准线拉力不应小于1000N。

5）基准线的设置精确度应符合现行《公路水泥混凝土路面施工技术细则》（JTG/T F30）的有关规定。

6）基准线设置后，严禁扰动、碰撞和振动。一旦碰撞变位，应立即重新测量纠正。多风季节施工，应缩小基准线桩间距。

3 下承层准备工作应符合下列规定：

1）摊铺水泥混凝土前，应再次检查下承层的高程，对超出允许范围的部分应削除并重做下封层，低于允许范围的部分不得使用其他材料填补。

2）当下承层出现不规则的严重裂缝时，应将该段基层切割废弃，重新铺筑基层。废弃段基层的切缝断面应整齐，且应与路线中线垂直。

3）当下承层出现单条裂缝时，可进行灌缝处理，并骑缝布设加筋玻璃纤维格栅。对布设的加筋玻璃纤维格栅应采用热沥青粘贴，并采用U形钢钉将玻璃纤维格栅钉牢于基层表面。

4）当下承层上存在有横向人为切缝时，该切缝应采用合适的填缝料灌满，铺筑的水泥混凝土路面板上应设一条横向缩缝与基层上的人为切缝对齐。

9.4.2 拌和

1 施工中应至少每15d校验一次拌和楼计量精确度。拌和楼配料计量偏差不得超过表9.4.2的规定。不满足时，应分析原因，排除故障，确保拌和计量精确度。

拌和楼的混凝土拌和计量允许偏差（单位：%）　　表9.4.2

材料名称	水泥	掺合料	砂	粗集料	水	外加剂
每盘	±1	±1	±2	±2	±1	±1
累计每车	±1	±1	±2	±2	±1	±1

2 应根据拌合物的黏聚性、均质性及强度稳定性试拌，确定最佳拌和时间。一般情况下，单立轴式搅拌机总拌和时间宜为80～120s，全部原材料到齐后的净拌和时间不宜短于40s；行星立轴和双卧轴式搅拌机总拌和时间为60～90s，净拌和时间不宜短于35s；双卧轴搅拌楼的净拌和时间不宜短于40s。最长总拌和时间不应超过高限值的2倍。

3 外加剂应以稀释溶液加入，其稀释用水和原液中的水量，应从拌和加水量中扣除。

使用间歇搅拌楼时,外加剂溶液浓度应根据外加剂掺量、每盘外加剂溶液筒的容量和水泥用量计算得出。连续式搅拌楼应按流量比例控制加入外加剂。加入搅拌锅的外加剂溶液应充分溶解,并搅拌均匀。有沉淀的外加剂溶液,应每天清除稀释池中的沉淀物。

　　4　粉煤灰或其他掺合料应采用与水泥相同的输送、计量方式加入。掺入粉煤灰的混凝土净拌和时间应延长10～15s。

　　5　混凝土拌合物应均匀一致,有生料、干料、离析或外加剂、粉煤灰成团现象的非均质拌合物严禁用于路面摊铺。一台搅拌楼的每盘之间、各搅拌楼之间,拌合物的坍落度最大允许偏差为±10mm。拌合物坍落度应为最适宜摊铺的坍落度值与当时气温时运输坍落度损失值两者之和。

　9.4.3　运输

　　1　水泥混凝土宜使用自卸车运输,自卸车车厢应不漏浆、尾板侧板有间隙位置加兜底帆布、车顶加设篷盖,其配置数量应满足实际最快施工进度不停工待料的要求;自卸车车厢不得存留结硬的混凝土和污染装运的混凝土。

　　2　运输到现场的拌合物应具有适宜摊铺的工作性。不同摊铺工艺的混凝土拌合物从搅拌机出料到运输、摊铺完毕的允许最长时间应符合表9.4.3的规定;不满足时应通过试验、加大缓凝剂或保塑剂的剂量。

混凝土拌合物出料到运输、铺筑完毕允许最长时间　　表9.4.3

施工气温(℃)*	到运输完毕允许最长时间(h)		到铺筑完毕允许最长时间(h)	
	滑模	三辊轴、小型机具	滑模	三辊轴、小型机具
5～9	2.0	1.5	2.5	2.0
10～19	1.5	1.0	2.0	1.5
20～29	1.0	0.75	1.5	1.25
30～35	0.75	0.50	1.25	1.0

　　注:*是指施工时间的日间平均气温,使用缓凝剂延长凝结时间后,本表数值可增加0.25～0.5h。

　　3　运输车辆在模板或导线区掉头或错车时,严禁碰撞基准线;如果碰撞,应告知测工重新测量纠偏。车辆倒车及卸料时,应有专人指挥,严禁碰撞摊铺机和前场施工设备及测量仪器。

　9.4.4　滑模摊铺

　　1　摊铺准备工作:滑膜摊铺前所有施工设备和机具均应处于良好状态,并全部就位;基层、封层表面应清扫干净、洒水湿润,但不得积水。横向连接摊铺时,前次摊铺面层纵缝的溜肩胀宽部位应切割顺直。侧边拉杆应校正扳直,缺少的拉杆应钻孔锚固植入。纵向施工缝的上半部缝壁应满涂沥青。

　　2　滑模摊铺机布料时应符合下列规定:

　　1)面层开始摊铺时,停留待卸的运料车所载混凝土数量应至少超过连续摊铺20m,摊铺机方可起步作业。

　　2)滑模摊铺机前的正常料位高度应在螺旋布料器叶片最高点以下,不得缺料。卸料、布料应与摊铺速度相协调。

3) 当坍落度在 10～30mm 时，布料松铺系数宜控制在 1.08～1.15 之间。布料机与滑模摊铺机之间施工距离宜控制在 5～10m。

4) 摊铺钢筋混凝土面层、桥面或搭板时，严禁任何机械开上钢筋网。

3　滑模摊铺机的施工参数设定及校准应符合下列规定：

1) 振捣棒下缘位置应在挤压板最低点以上，振捣棒的横向间距不宜大于 450mm，均匀排列；两侧最边缘振捣棒与摊铺边沿距离不宜大于 250mm。

2) 挤压底板前倾角宜设置为 3°左右。提浆夯板位置宜在挤压底板前缘以下 5～10mm。

3) 两边缘超铺高度根据拌合物稠度宜在 3～8mm 之间调整。搓平梁前沿宜调整到与挤压板后沿高程相同，搓平梁的后沿比挤压底板后沿低 1～2mm，并与路面高程相同。

4) 滑模摊铺机首次摊铺面层，应挂线对其铺筑位置、几何参数和机架水平度进行调整和校准，正确无误后，方可开始摊铺。

5) 在开始摊铺的 5m 内，应在铺筑行进中对摊铺出的面层高程、边缘厚度、中线、横坡度等参数进行复核测量。

4　铺筑作业技术应符合下列规定：

1) 滑模摊铺机应缓慢、匀速、连续不间断地作业。摊铺速度应根据拌合物稠度、供料量和设备性能控制在 0.75～2.0m/min 之间，一般宜控制在 1m/min 左右。拌合物稠度发生变化时，应先调振捣频率，后改变摊铺速度。

2) 应随时调整松方高度板控制进料位置，开始施工时宜略高，以保证进料。正常摊铺时应保持振捣仓内料位高于振捣棒 100mm 左右，料位高低上下波动宜控制在 ±30mm 之内。

3) 正常摊铺时，振捣频率可在 6000～11000r/min 之间调整，宜采用 9000r/min 左右。此外现场应备有至少一组手动振捣棒，以防局部位置漏振或振捣不到位时及时进行处理。应防止混凝土过振、欠振或漏振。应根据混凝土的稠度大小，随时调整摊铺的振捣频率或速度。摊铺机起步时，应先开启振捣棒振捣 2～3min，再缓慢平稳推进。摊铺机脱离混凝土后，应立即关闭振捣棒组。

4) 滑模摊铺机满负荷时可铺筑的路面最大纵坡应为：上坡 5%；下坡 6%。上坡时，挤压底板前仰角宜适当调小，并适当调轻抹平板压力；下坡时，前仰角宜适当调大，并适当调大抹平板压力。

5) 滑模摊铺机施工的最小弯道半径不应小于 50m；最大超高横坡不宜大于 7%。

6) 单车道摊铺时，应视路面设计要求配置一侧或双侧打纵缝拉杆的机械装置。2 个以上车道摊铺时，除侧向打拉杆的装置外，还应在假纵缝位置处配置拉杆自动插入装置。

7) 软拉抗滑构造时表面砂浆层厚度宜控制在 (4±1)mm，硬刻槽路面的砂浆表层厚度宜控制在 2～3mm。

8) 养护 7d 后，方可允许摊铺相邻车道，严禁重型车辆在养护面层上行驶，且不得破坏养生覆盖物。

5 混凝土面层修整工艺应符合下列规定：

1）滑模摊铺过程中应采用自动抹平装置进行抹面。对少量局部麻面和明显缺料部位，应在挤压板后或搓平梁前，补充适量拌合物，由搓平梁或抹平板机械修整。

2）人工操作修整时，应配备移动式凳桥。

3）人工操作抹面抄平器，精整摊铺后表面的缺陷，不得在整个表面用加铺薄砂浆层修补路面高程。

4）应对打侧向拉杆时被剐坏的侧边；滑模摊铺机连续铺装桥面时上桥梁台阶，振捣漏料部位；抹平板未抹到的边缘；出现倒边、塌边、溜肩现象等位置，应顶侧模或在上部支方铝管，用人工边缘补料修整。

5）对滑模摊铺机起步摊铺段及施工接头，应采用水准仪抄平，采用3m直尺边测边修整。

6 细观纹理宜在精平后的湿软表面，使用钢支架拖挂1～3层叠合麻布、帆布等布片（图9.4.4-1）拖出。布片接触路面长度宜为0.7～1.5m，细度模数较大的粗砂，接触长度宜取小值；细度模数较小的细砂，接触长度宜取大值。构造深度宜大于0.5mm。

7 宜采用专用软拉毛工具（图9.4.4-2）进行宏观构造施工，构造深度宜大于0.6mm。

图9.4.4-1 双层麻袋片进行软拉毛

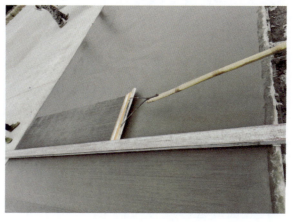
图9.4.4-2 拉槽毛刷进行软拉毛

9.4.5 三辊轴机组摊铺

1 摊铺前，所有施工设备和机具均应处于良好状态，并全部就位；基层、封层表面应清扫干净、洒水湿润，但不得积水。

2 模板安装应符合下列规定：

1）路面施工模板应采用强度、刚度足够的槽钢，模板调试应与面板设计厚度一致，模板长度宜为3～5m。

2）模板安装前，应按模板支立连线，将基层与模板的接触带整平；沿立模连线将其贴立在基层顶面，对个别不平整处应采取支持措施，并用砂浆填塞；模板之间采用螺旋连接，使接头连接紧密；模板侧面每米应埋设一处地锚牢固支撑，保证在浇筑混凝土时能经受冲击和振动。

3）模板应安装稳固，接头紧密平顺，不得有离缝、前后错茬、高低错台等现象。严禁在基层上挖槽,嵌入安装模板。模板底部悬空处用砂浆封堵,模板接头和拉杆插入孔用塑料薄膜等密封,以免漏浆。模板与混凝土的接触表面应涂隔离剂。

4)模板安装完毕,应对立模的平面位置、高程、横坡、相邻板高差、顶面接茬平整度等安装精确度进行全面检查。

3 应根据铺筑时拌合物的实测坍落度,按照表9.4.5初选松铺系数,并根据铺筑效果最终确定。弯道横坡与超高路段的松铺系数,高侧宜取表9.4.5中的高值,低侧宜取其低值。

不同铺筑坍落度时的拌合物松铺系数 表9.4.5

铺筑坍落度(mm)	10~30	30~50	50~70
拌合物松铺系数	1.20~1.25	1.15~1.20	1.10~1.15

4 当混凝土拌合物布料长度大于10m时,应开始振捣作业。若采用排式振捣机振实,作业速度宜控制在4m/min以内。

5 整平作业应符合下列规定:

1)三辊轴整平机按作业单元分段整平,作业单元长度宜为20~30m,振捣机振实与三辊轴整平两道工序之间的时间间隔不宜超过15min。

2)三辊轴滚压振实的料位高差宜高于模板顶面5~20mm,过高时应铲除,过低时应及时补料。

3)三辊轴整平机在一个作业单元长度内,应采用前进振动、后退静滚方式作业,一般为2~3遍。最佳滚压遍数应经试铺确定。

4)在三辊轴整平机作业时,应及时处理轴前料位的高低情况。过高时,应辅以人工铲除;轴下有间隙时,应使用混凝土找补。

5)滚压完成后,应将振动辊轴抬离模板,用整平轴前后静滚整平,直到平整度符合要求,表面砂浆厚度均匀为止。

6)表面砂浆厚度宜控制在(4±1)mm,三辊轴整平机前方表面过厚、过稀的砂浆必须刮除丢弃。

6 应采用3~5m刮尺,在纵、横两个方向进行精平饰面,每个方向不少于两遍;也可采用旋转抹面机密实精平饰面两遍。

7 细观纹理宜在精平后的湿软表面,使用钢支架拖挂1~3层叠合麻布、帆布等布片(图9.4.4-1)拖出。布片接触路面长度宜为0.7~1.5m,细度模数较大的粗砂,接触长度宜取小值;细度模数较小的细砂,接触长度宜取大值。构造深度宜大于0.5mm。

8 宜采用专用软拉毛工具进行宏观构造施工,构造深度宜大于0.6mm。

9.4.6 小型机具摊铺

1 摊铺作业应符合下列规定:

1)混凝土拌合物摊铺前,应按设计和规范要求架设模板,并对模板的位置、高度、顶面高程及支撑稳固情况,传力杆、拉杆的安设等进行全面检查;修复破损基层,并洒水润湿;用厚度标尺板全面检测板厚,其与设计值相符,方可开始摊铺。横向具有多块板的收费广场,可采用跳仓法施工。

2）人工布料应用铁锹反扣,严禁抛掷和耧耙。人工摊铺混凝土拌合物的坍落度应控制在5～20mm之间,拌合物松铺系数宜控制在1.10～1.25之间,料偏干,取较高值;反之,取较低值。

3）因故造成1h以上停工或达到2/3初凝时间,致使拌合物无法振实时,应在已铺筑好的面板端头设置施工缝,废弃不能被振实的拌合物。

2 振捣作业应符合下列规定:

1）采用人工插入式振捣棒振实,在待振横断面上,每车道路面应使用2根振捣棒,组成横向振捣棒组,沿横断面连续振捣密实,并应注意路面板底、内部和边角处不得欠振或漏振。

2）振动板振实,在振捣棒已完成振实的部位,可用人工拖动平板振动器,纵横交错两遍全面提浆振实,每车道路面应配备1块振动板。

3）振动梁振实,每车道路面宜使用1根振动梁。振动梁应具有足够的刚度和质量,底部应焊接或安装深度4mm左右的粗集料压实齿,保证(4±1)mm的表面砂浆厚度。在振动梁拖振整平过程中,缺料处应用混凝土拌合物填补,不得用纯砂浆填补;料多余部位应铲除。

3 整平饰面作业应符合下列规定:

1）每车道路面应配备1根滚杠(双车道两根)。振动梁振实后,应拖动滚杠往返2～3遍提浆整平。第一遍应短距离缓慢推滚或拖滚,以后应较长距离匀速拖滚,并将水泥浆始终赶在滚杠前方。多余水泥浆应铲除。

2）拖滚后的表面宜采用3m刮尺,纵横各1遍整平饰面,或采用叶片式或圆盘式抹面机往返2～3遍压实整平饰面。

3）在抹面机完成作业后,应进行清边整缝,清除黏浆,修补缺边、掉角。应使用抹刀将抹面机留下的痕迹抹平。精平饰面后的面板表面应无抹面印痕,致密均匀,无露骨,平整度应达到规定要求。

4 精平完成后,宜用双层麻袋片进行微观构造施工,构造深度宜大于0.5mm。

5 宜采用专用软拉毛工具进行宏观构造施工,构造深度宜大于0.6mm。

9.4.7 钢筋混凝土面层摊铺

1 布料作业应符合下列规定:

1）连续配筋混凝土面层应采用钢筋网预设安装,整体一次布料。

2）混凝土应卸在侧向布料机的料箱内,再由侧向布料机转运到摊铺位置。钢筋网上的混合料应由布料机均匀布料。

3）坍落度相同时的布料松铺高度,宜比相应机械施工方式普通混凝土面层大10mm左右。

2 摊铺作业应符合下列规定:

1）拌合物的坍落度可比相应摊铺方式普通混凝土面层规定大10～20mm。

2）滑模摊铺机摊铺钢筋混凝土面层时，应适当减速摊铺或增大振捣频率。拌合物坍落度相同时，钢筋混凝土面层的振捣密实持续时间应比普通混凝土面层的规定时间延长5~10s。

3）在一块钢筋网连续面板内，应防止摊铺中断，每块板内不应留施工缝，应摊铺到达横缝位置或钢筋网片的端部，方可停止。

4）摊铺被迫中断时，应设置横向施工缝，纵向钢筋应保持连续，穿过接缝，并应用1倍数量的长度不小于2m的纵向钢筋作加密处理，横向施工缝距最近横缝的距离不应小于5m。

9.4.8 面层接缝

1 混凝土路面板块的划分应遵循下列原则：

1）板块划分除应按设计的尺寸要求之外，还应将纵向施工缝与车道分划线或车道与硬路肩的分划线重合。

2）当混凝土路面板紧靠路侧的防撞墙时，应采取刷沥青等措施使面层混凝土与防撞墙混凝土隔离，或将混凝土路面板横向缩缝与防撞墙的分节缝处对齐。

3）匝道及变宽路面板块的划分：匝道路面纵缝应避开轮迹位置；在变宽路面的变宽起点处不宜切纵缝，应在离开起点5~10m处开始切纵缝；弯道纵缝应与路线中心线平行，小半径弯道的纵缝可由小折线组成，但折线接头处应准确相连。

2 纵缝施工应符合下列规定：

1）当一次摊铺宽度小于路面和硬路肩总宽度时，应设纵向施工缝，位置应避开轮迹，并重合或靠近车道线，构造可采用平缝加拉杆型；当所摊铺的面板厚度大于或等于260mm时，可采用插拉杆的企口型纵向施工缝。纵向施工缝的拉杆可用摊铺机的侧向拉杆装置插入。

2）当一次摊铺宽度大于4.5m时，应采用假缝拉杆型纵缝，即锯切纵向缩缝，纵缝位置应按车道宽度设置，并在摊铺过程中用专用的拉杆插入装置插入拉杆。锯切纵向缩缝的深度应严格检查，不应少于板厚的1/4。

3）钢筋混凝土面层、桥面和搭板的纵缝拉杆可由横向钢筋延伸穿过接缝代替。

4）插入的侧向拉杆应牢固，不得松动、碰撞或拔出。若发现拉杆松脱或漏插，应在横向相邻路面摊铺前，钻孔重新植入。当发现拉杆可能被拔出时，宜进行拉杆拔出力（握裹力）检验。

3 横向缩缝施工应符合下列规定：

1）每天摊铺结束或摊铺中断时间超过30min时，应设置横向施工缝，其位置宜与胀缝或缩缝重合，确有困难不能重合时，施工缝应采用设螺纹传力杆的企口缝形式。横向施工缝应与路中心线垂直。横向施工缝在缩缝处采用平缝加传力杆型。在胀缝处其构造与胀缝相同。

2）普通混凝土路面横向缩缝宜等间距布置，不宜采用斜缝。不得不调整板长时，最大板长不宜大于6.0m，最小板长不宜小于板宽。

3）水泥混凝土路面横向缩缝应设置传力杆。缩缝传力杆的施工方法可采用前置钢筋支架法或传力杆插入装置(DBI)法。钢筋支架应具有足够的刚度,传力杆应准确定位,摊铺之前应在基层表面放样,并用钢钎锚固,宜使用手持振捣棒振实传力杆高度以下的混凝土,然后机械摊铺。传力杆无防锈涂层一侧应焊接,有涂料一侧应绑扎。用DBI法置入传力杆时,应在路侧缩缝切割位置做标记,保证切缝位于传力杆中部。

4)水泥混凝土面层横向缩缝均应采用切缝法施工。切缝作业应符合:横向缩缝的切缝方式有全部硬切缝、软硬结合切缝和全部软切缝三种,切缝方式的选用,应由面层摊铺完毕到切缝时的昼夜温差确定,可按表9.4.8确定。采用硬切缝时,宜按度时积180~200℃·h控制切缝,不宜迟切缝;对分幅摊铺的路面应在先摊铺的混凝土板横向缩缝已断开的部位做标记。在后摊铺的面层上应对齐已断开的横缩缝提前软切缝;缝深度应为1/4~1/3板厚,最浅不得小于60mm。

根据施工气温所采用的切缝方式　　表9.4.8

昼夜温差(℃)	切缝方式	缩缝切深
<10	宜全部硬切缝,最长时间不得超过24h	硬切缝1/5~1/4板厚
10~15	软硬结合切缝,每隔1~2条提前软切缝,其余用硬切缝补切	软切深度不应小于60mm;不足者应硬切补深到1/3板厚,已断开的缝不补切
>15	宜全部软切缝,抗压强度约为1~1.5MPa,人可行走,软切缝不宜超过6h	软切缝深大于或等于60mm,未断开的接缝,应硬切补深到不小于1/4板厚

4 胀缝设置与施工应符合下列规定:

1)普通混凝土路面、钢筋混凝土路面的胀缝间距应视集料的温度膨胀性大小、当地年温差和施工季节综合确定。高温施工,可不设胀缝;常温施工,集料温缩系数较小时,可不设胀缝;集料温缩系数较大,路面两端构造物间距大于或等于500m时,宜设一道中间胀缝;低温施工,路面两端构造物间距大于或等于350m时,宜设一道胀缝。邻近构造物、平曲线或与其他道路相交处的胀缝应按现行《公路水泥混凝土路面设计规范》(JTG D40)的规定设置。

2)普通混凝土面层的胀缝应设置胀缝补强钢筋和钢筋支架、胀缝板和传力杆。胀缝宽20~25mm、使用沥青或塑料薄膜滑动下封闭层时,胀缝板及填缝宽度宜加宽到25~30mm。距胀缝板顶部4~6cm处切缝,切缝深度是胀缝板厚度的4/5。胀缝的两侧应粘贴塑料薄膜,以防胀缝板连浆,待混凝土达到设计强度时,取出顶部的4~6cm胀缝板,立即进行嵌缝施工。传力杆表面应涂防锈涂层,端部应戴活动套帽。胀缝板应与路中心线垂直,缝壁垂直;缝隙宽度一致;缝中完全不连浆。

3)胀缝应采用前置钢筋支架法施工,也可采用预留一块面板,高温时再铺封。前置法施工,应预先加工、安装和固定胀缝钢筋支架,并在使用手持振捣棒振实胀缝板两侧的混凝土后再摊铺。整平表面,胀缝应连续贯通整个路面板宽度。

4)拉杆、胀缝板、传力杆及其套帽、滑移端设置精确度应符合现行《公路水泥混凝土路面施工技术细则》(JTG/T F30)的有关规定。

5 灌缝应符合下列规定：

1）混凝土板养生期满后,应及时灌缝。

2）应先采用切缝机清除接缝中夹杂的砂石、泥浆等,再使用大于或等于 0.5MPa 压力的水和压缩空气,彻底清除接缝中的尘土及其他污染物,确保缝壁及内部清洁、干燥。缝壁以擦不出灰尘为灌缝标准。

3）使用常温硅树脂或聚氨酯等填缝料时,应按规定比例将两组分材料按一小时灌缝量混拌均匀后使用。

4）使用加热填缝料时应将填缝料加热至规定温度,加热过程中应将填缝料融化,搅拌均匀,并保温使用。

5）灌缝的形状系数宜控制在 2 左右,灌缝深度宜为 15～20mm,最浅不得小于 15mm。先挤压嵌入直径 9～12mm 多孔泡沫塑料背衬条,再灌缝。气温较高时施工的灌缝,顶面应与板面齐平；气温较低时应填为凹液面,中心低于板面 1～2mm。填缝必须饱满、均匀、厚度一致并连续贯通,填缝料不得缺失、开裂和渗水。

6）常温施工式填缝料的养生期,低温天宜为 24h,高温天宜为 12h。加热施工式填缝料的养生期,低温天宜为 2h,高温天宜为 6h。在灌缝料养生期间应封闭交通。

7）路面胀缝和桥台隔离缝等应在填缝前,取出顶部的 4～6cm 胀缝板,涂黏结剂后,嵌入胀缝专用多孔橡胶条或灌进适宜的填缝料。当胀缝的宽度不一致或有啃边、掉角等现象时,必须用填缝料灌缝。

9.4.9 抗滑构造施工

1 水泥混凝土路面刻槽之前应检查路面微观纹理,其微观构造深度应大于 0.5mm。

2 采用硬刻槽施工时,为降低噪声宜采用非等间距刻槽,尺寸宜为:槽深 3～5mm,槽宽 3mm,槽间距在 8～14mm 之间随机调整。

3 硬刻槽机重量宜重不宜轻,一次刻槽最小宽度不应小于 50cm,且相邻刻槽之间的搭接宽度不大于 14mm。

4 硬刻槽时不应掉边角,亦不得中途抬起或改变方向,并保证硬刻槽到面板边缘。硬刻槽后应随即将路面冲洗干净,并恢复面层的养生。

5 构造深度应均匀,不损坏构造边棱,不影响路面和桥面的平整度。

9.4.10 养生

1 混凝土面层铺筑完成或软作抗滑构造施工完毕后应立即开始养生,宜采用喷洒养生剂同时保湿覆盖的方式养生。在雨天或养生用水充足的情况下,也可采用覆盖保湿膜、土工毡、土工布、麻袋等洒水方式湿养生,不宜使用围水方式养生。

2 采用喷洒养生剂养生时,喷洒应均匀、成膜厚度应足以形成完全密闭水分的薄膜,喷洒后的表面不得有颜色差异。喷洒时间宜在表面混凝土泌水完毕后进行。喷洒高度宜控制在 0.5～1.0m。应使用一级品养生剂,最小喷洒剂量不得少于 0.3kg/m²。

3 使用保湿膜＋土工布覆盖保温养生时,应及时补水,保持混凝土表面始终处潮湿状态。

4 养生时间应根据混凝土弯拉强度增长情况而定,不宜小于设计弯拉强度的80%,应特别注重前7d的保湿(温)养生。一般养生天数宜为14～21d,高温天不宜少于14d,低温天不宜少于21d。掺粉煤灰的混凝土面层,最短养生时间不宜少于28d,低温天气应适当延长养生时间。

5 养生初期,应封闭交通,在达到设计强度50%后,行人方可通行。面板达到设计弯拉强度后,方可开放交通。

9.5 质量控制

9.5.1 水泥混凝土原材料的质量检测项目和检测频率应按表9.5.1确定。

水泥混凝土原材料的质量检测项目和检测频率　　表9.5.1

材　料	检测项目	检测频率
水泥	抗折强度、抗压强度、安定性	机铺1500t一批
	凝结时间、标准稠度需水量、细度	机铺2000t一批
	CaO、MgO、SO₃、铝酸三钙、铁铝酸四钙含量,干缩率、耐磨性、碱度,混合材料种类及数量	每标段不少于3次,进场前必测
	温度、水化热	冬、夏季施工随时检测
粉煤灰	活性指数、细度、烧失量	机铺1500t一批
	需水量比、SO₃含量	每标段不少于3次,进场前必测
粗集料	针片状颗粒、超径颗粒含量、级配、表观密度、堆积密度、空隙率	机铺2500m³一批
	含泥量、泥块含量	机铺1000m³一批
	坚固性、岩石抗压强度、压碎值	每种粗集料每标段不少于2次
	碱集料反应	怀疑有碱活性集料时,进场前测
	含水率	降雨或湿度变化随时测
砂	细度模数、表观密度、堆积密度、空隙率、级配	机铺2000m³一批
	含泥量、泥块、石粉含量	机铺1000m³一批
	坚固性	每种砂每标段不少于3次
	云母含量,轻物质与有机物含量	目测有云母或杂质时测
	含盐量(硫酸盐、氯盐)	必要时测,淡化海砂每标段3次
	含水率	降雨或湿度变化随时测
外加剂	减水剂减水率、液体外加剂含固量和相对密度、粉状外加剂的不溶物含量	机铺5t一批
	引气剂引气量、气泡细密程度和稳定性	机铺2t一批
养生剂	有效保水率、抗压强度比、耐磨性、耐热性、膜水溶性	开工时或有变化时,每标段3次
	含固量、成膜时间	试铺段测,施工每5t测1次
水	pH值、含盐量、硫酸根及杂质含量	开工前和水源有变化时

9.5.2 混凝土拌合物的质量检测项目和检测频率应按表9.5.2确定。

混凝土拌合物的质量检测项目和检测频率　　　表9.5.2

检测项目	检测频度
水灰比及稳定性	每5000m³抽检1次,有变化随时测
VC值坍落度及其均匀性	每工班测3次,有变化随时测
坍落度损失率	开工、气温较高和有变化随时测
振动黏度系数	试拌、原材料和配合比有变化时测
含气量	每工班测2次,有抗冻要求不少于3次
泌水率	必要时测
视密度	每工班测1次
温度、凝结时间、水化发热量	冬、夏季施工,气温最高、最低时,每工班至少测1~2次
离析	随时观察

注:混凝土拌合物振动黏度系数试验见现行《公路水泥混凝土施工技术细则》(JTG/T F30)附录A。

9.5.3 混凝土路面面层检测项目、检测方法和各技术指标的质量标准应符合表9.5.3的规定。

混凝土路面面层检测项目及质量标准　　　表9.5.3

项次	检测项目		允许值		检测方法和频率
			高速公路、一级公路	其他公路	
1	弯拉强度(MPa)①		符合设计要求		按《公路工程质量检验评定标准 第一册 土建工程》(JTG F80/1—2017)附录C检查
2	板厚度(mm)		代表值≥-5;合格值≥-10;极值≥-15		按《公路工程质量检验评定标准 第一册 土建工程》(JTG F80/1—2017)附录H检查,每200m测2点
3	平整度	σ(mm)	≤1.32	≤2.0	全线连续检测,每100m计算一个值
		IRI(m/km)	≤2.2	≤3.3	
		最大间隙h(mm)(合格率≥90%)	≤3	≤5	3m直尺:每半幅车道每200m测2处,每处3.33m
4	构造深度(mm)	一般路段	0.7~1.1	0.5~1.0	铺砂法:每200m测1处
		特殊路段②	0.8~1.2	0.6~1.1	
5	横向力系数SFC	一般路段	≥50	—	按《公路工程质量检验评定标准 第一册 土建工程》(JTG F80/1—2017)附录L检查,每20m测1点
		特殊路段②	≥55	≥50	
6	相邻板高差(mm)		≤2	≤3	尺量:纵横缝每200m抽查2条,每条测2点

续上表

项次	检测项目	允许值 高速公路、一级公路	允许值 其他公路	检测方法和频率
7	纵横缝顺直度(mm)	≤10	≤10	纵缝20m拉线尺量:每200m测4处,横缝沿板宽拉线尺量:每200m测4条
8	中线平面偏位(mm)	20	20	全站仪:每200m测2点
9	路面宽度(mm)	±20	±20	尺量:每200m测4点
10	纵断高程(mm)	±10	±15	水准仪:每200m测2个断面
11	横坡度(%)	±0.15	±0.25	水准仪:每200m测2个断面
12	断板率(%)	≤0.2	≤0.4	目测:全面检查
13	脱皮、印痕、裂纹、露石、缺边、掉角(‰)	≤2	≤2	量实际面积,并计算与总面积比
14	路缘石顺直度和高度(mm)	≤20	≤20	20m拉线测:每200m测4处
15	灌缝饱满度(mm)	≤2	≤3	尺测:每200m接缝测6处
16	切缝深度(mm)	≥50	≥50	尺测:每200m 6处
17	胀缝表面缺陷	不应有	不应有	每条观察填缝及啃边断角
18	胀缝板连浆(mm)	不允许	不允许	每条胀缝板安装时测量
19	胀缝板倾斜(mm)	≤20	≤25	尺测:每块胀缝板每条两侧
20	胀缝板弯曲和位移(mm)	≤10	≤15	尺测:每块胀缝板每条3处
21	传力杆偏斜(mm)	≤10	≤13	钢筋保护层仪:每车道4根

注:①面层钻芯劈裂强度应按现行《公路水泥混凝土路面施工技术细则》(JTG/T F30)的规定换算为面板弯拉强度进行质量评定。
②特殊路段是指高速公路的立交、平交、变速车道等处。

10 桥面铺装

10.1 一般规定

10.1.1 桥面铺装包括水泥混凝土铺装和沥青混凝土铺装,桥面整体化层的施工按照水泥混凝土桥面铺装要求执行。

10.1.2 水泥混凝土桥面铺装层施工用的原材料、配合比设计应符合本指南第9章相关规定。

10.1.3 桥面铺装水泥混凝土不宜掺粉煤灰,宜掺高性能减水剂,腐蚀环境下宜掺硅灰或磨细矿渣。

10.1.4 采用滑模摊铺机铺装水泥混凝土桥面,应验算桥板、翼缘承载能力和桥梁挠度,确保满足摊铺机上桥铺装作业的要求。大吨位摊铺机上桥摊铺的挠度及下桥反弹量不宜大于3mm。

10.1.5 桥面防水黏结层宜在干燥和气温较高的天气施工,应避免雨、雾等影响。气温低于10℃时,不得进行施工。

10.1.6 防水黏结层施工前,应对下承层的缺陷进行处理,并经验收合格。

10.1.7 桥面防水黏结层宜在桥面沥青铺装层施工前1~2d内进行施工,施工结束后,立即进行封闭管理,杜绝后期污染。

10.1.8 同步碎石防水黏结层施工宜采用0.3%的普通沥青预拌碎石。

10.1.9 桥头搭板黏结层应与桥面防水黏结层同步施工,技术要求与桥面防水黏结层相同。

10.2 水泥混凝土桥面铺装

10.2.1 施工准备

1 宜采用便于移动的布料器或输送泵进行混凝土布料,并辅以人工摊铺,不宜将混凝土直接倒于梁面。

2 宜根据桥面宽度、施工规模选择桥面铺装施工机械,施工机械组合宜符合表10.2.1的规定,并应配备不少于2台平板振动器和插入式振捣器。

桥面铺装施工机械适用范围　　　表10.2.1

类　别	施工机械	适用范围
1	悬架滚筒式重型提浆整平机/滑模摊铺机	主线桥面
2	三辊轴机组	主线桥面、匝道桥面
3	小型机具	匝道桥面

3 施工单位应根据设计文件,在桥面施工前测量梁面高程,测量精度应符合设计文件及相应规范的规定。

4 桥面高程测量频率应按纵桥向每4m测一个断面,横桥向三车道宜不少于4个、二车道宜不少于3个测点(测点间距均匀分布)。

5 混凝土施工前,应确保桥面空心板铰缝、小箱梁及T梁张拉槽口已完成施工,严禁与整体化层一次浇筑。梁面高度应高出铰缝顶面2cm以上,表面多余浮浆应予以清理,铰缝须采用土工布覆盖养生。

6 全面检查梁顶面及支座,支座周围应清洁、无歪斜、无不均匀受力和脱空现象。

7 为防止冲洗桥面时产生的污水污染环境及预制梁的外观,应在预制梁的边缘位于排水孔的位置设置砂浆带,通过排水孔统一排除污水。

8 铺设钢筋网前应将桥面凿毛,并凿除梁顶面的浮浆、油污等;梁顶面或湿接缝位置拉毛不合格的应重新进行凿毛,清扫后用高压水冲洗或空气压缩机吹走灰尘,做到无杂物、无粉尘、无积水,使整体化层与梁顶面充分黏结,形成整体共同受力。

9 将紧贴桥面的预埋剪力筋、门型筋调回原设计位置,折断的或缺失的剪力筋、门型筋应重新补充。

10 梁面处理完成,施工单位应自检合格,并经参建各方联合验收合格后,方可进行下一道工序。

10.2.2 钢筋网加工、安装

1 钢筋宜采用工厂化生产的焊接钢筋网,钢筋网长边方向沿横桥向布置,不应减少梁体剪力筋、定位钢筋,以保证整体化层钢筋保护层。受条件限制,也可现场安装、绑扎钢筋网。

2 混凝土桥面均应在梁板顶面安装锚固架立钢筋,再将钢筋网与锚固架立钢筋相焊接,锚固架立钢筋应有4~8根/m²。在梁端或支座部位剪应力较大处取大值;反之,可取小值。钢筋网不得紧贴梁板顶面,也不得使用非锚固钢筋网支架和砂浆垫块。

3 当梁板混凝土顶面没有预留锚固架立钢筋时,必须钻孔、清孔、灌入植筋胶、安装锚固钢筋。植筋胶的主要技术性能应符合表10.2.2-1的规定。

植筋胶的主要技术性能 表10.2.2-1

技术指标	指标要求
黏度(25℃,MPa.S)	200~400
压缩强度(MPa)	≥60
剪切强度(MPa)	≥15
黏结强度(MPa)	≥4
拉拔力(kN)	≥20

4　采用双层钢筋网一次铺装时,除底层钢筋网应与梁板锚固焊接外,上下层钢筋网亦应焊接。分双层两次铺装的钢筋混凝土桥面,防水找平层中应设置一层钢筋网,横向钢筋位于纵向钢筋之下,横向钢筋直径、数量和间距不宜小于纵向钢筋,并应与梁板锚固筋相焊接。上层钢筋网可不与下层钢筋网焊接,但应与锚固在找平层混凝土中的架立钢筋相焊接。

5　钢筋网安装好后,每隔1m应与梁面剪力筋点焊防止钢筋网上浮,不得使用砂浆或塑料垫块,也不得直接紧贴梁面安装钢筋网。

6　剪力筋应勾住整体化层钢筋,严禁烧剪断、压扁剪力筋。

7　钢筋网安装时应重点控制好桥梁伸缩缝预留钢筋的安装高度和平面位置的准确性,以确保后期桥梁伸缩缝的安装顺利。

8　当桥面两侧防撞护栏未施工时,为防止混凝土向桥两侧溢流,应在桥两侧防撞护栏底宽位置安装梳形纵向模板。

9　搭接焊和帮条焊时钢筋的搭接长度:双面焊不小于5倍的钢筋直径,单面焊不小于10倍的钢筋直径,钢筋绑扎搭接长度应不小于35倍的钢筋直径。相邻钢筋的焊接或绑扎接头应分别错开500mm和900mm以上。

10　钢筋网及钢筋骨架的质量检验:钢筋网及钢筋骨架安装位置及允许偏差应符合表10.2.2-2的规定。

钢筋网安装位置及精确度的允许偏差(单位:mm) 表10.2.2-2

检查项目		允许偏差
纵、横向钢筋间距	绑扎钢筋网及钢筋骨架	±20
	焊接钢筋网及钢筋骨架	±10
钢筋预埋位置	中心线位置	±5
	水平高差	±3
钢筋保护层	距表面	±5
	距底面	±5

11　钢筋网应在整个桥面铺装层内连续,不得因单次铺装宽度不足或停工而切断纵、横向钢筋。

12　桥面板应在梁端或负弯矩预切缝部位,按设计要求使用接缝钢筋补强。其补强钢筋直径不宜小于12mm,长度不宜短于1.2m或按负弯矩影响范围确定。

13 钢筋网安装完成自检合格后,相关单位应进行联合验收,检查钢筋网高度、每平方米焊接点数,合格后方可进行下一道工序。

10.2.3 模板(轨道)安装

1 采用滑模摊铺机施工水泥混凝土桥面铺装层时,应先铺筑桥面两侧的混凝土作为高程带或模板,高程带的平整度应满足设计要求。

2 采用悬架滚筒式重型提浆整平机施工水泥混凝土桥面铺装层时,宜采用5~8m一节的10a~12a号工字钢作为整平机行走的轨道,轨道应具备足够的刚度、平整度和稳定度。在桥面两侧适当位置每1.5~2.0m钻孔,用φ16螺纹钢作为钢导轨的支撑架,两个轨道接头处须加密一道。铺设后要进行高程复测,高程达到要求后,点焊支撑住轨道。

3 采用三辊轴机组或小型机具铺装桥面时,模板应采用特制的低矮(轨)模板。不能整幅铺装桥面时,接续摊铺一侧的模板宜使用中空型,以利于钢筋穿过,不得使用模板将钢筋网压贴到梁板上。

4 水泥混凝土桥面连续铺装时,模板(轨道)应连续顺直,其安装精度应符合表10.2.3的规定。

模板(轨道)安装精确度要求　　表10.2.3

检测项目		悬架滚筒式重型提浆整平机、三辊轴机组	小型机具
平面偏位(mm)		≤10	15
摊铺宽度偏差(mm)		≤10	15
厚度(mm)	代表值	≥-5	-6
	极值	-10	-12
纵断高程偏差(mm)		±5	±10
横坡偏差(%)		±0.10	±0.20
相邻模板板高差(mm)		≤1	2
顶面接茬3m尺平整度(mm)		≤1.5	2
模板接缝宽度(mm)		≤3	3
侧向垂直度(mm)		≤3	4
纵向顺直度(mm)		≤3	4

10.2.4 水泥混凝土铺筑

1 混凝土浇筑前一天应对梁面进行洒水并充分湿润,浇筑前再次对梁面湿润,但不得积水。

2 桥梁护栏应在滑模摊铺机铺装桥面后施工,履带行走在分幅桥梁中空部位、通信井口或裸梁板上时,应采用可靠的加固保护措施,可将滑模摊铺机的履带延伸至另一幅桥面上行走。

3 滑模摊铺机履带上下桥的台阶部位应提前2~3d铺设混凝土坡道,长度不宜短于钢筋混凝土搭板。

4 桥上的基准线桩可与桥梁上的锚固钢筋暂时焊接固定,基准线应连接顺直,间距不大于10m。

5 运送至现场的混凝土的坍落度应符合设计要求,间隔时间长、气温高、搅拌楼较远的需要考虑坍落度损失。

6 混凝土拌合物运至现场后,可采用汽车泵直接泵送混凝土布料,也可采用"吊机+料斗"方式进行混凝土布料。布料厚度应大体均匀。布料顺序应先低后高。

7 布料、摊铺、振捣、整平、抗滑构造施工及养生应符合本指南第9章水泥混凝土面层的有关规定。

10.2.5 接缝施工

1 斜交桥涵异形混凝土板应全部在桥头搭板内调整。正交和斜交搭板最短边长不宜小于10m。搭板应切缝防开裂,纵、横向切缝距离不宜大于6m。横缝位置应按搭板长短边均分,纵缝宜按路面板宽划分。

2 支座和桥面负弯矩部位应切缝,桥面横向缩缝应以支座或桥台为界,在每跨内均分缩缝间距,最大长度不宜大于6m,最短长度不宜小于板宽,桥面除停车带外宜按车道宽度切纵缝。

10.3 沥青混凝土桥面铺装

10.3.1 桥面板处理

1 施工准备应符合下列规定:

1)应按不同的工艺配备相应的机械设备。喷砂抛丸工艺应配备喷砂抛丸机,精铣刨工艺应配备铣刨机、自卸车等。

2)桥面板处理施工前应对水泥混凝土桥面进行检查与验收,如有破损、开裂等问题,应及时处理。

3)正式施工前,应选择一段桥面进行试验段施工,确定相应的处理工艺,试验段的长度应大于20m。

2 抛丸施工应符合下列要求:

1)桥面板处理宜采用喷砂抛丸、精铣刨两种方式。局部边角位置可采用人工凿毛的方式,处理后应满足水泥混凝土桥面处理质量控制标准。桥面板浮浆过多无法满足抛丸露骨率要求时,应采用精铣刨进行处理。

2)抛丸机宜按照试验段确定的行走速度匀速行驶,进行喷砂。

3)多台抛丸机作业采用并行直线连续抛丸方式,两台机械作业宽度宜重叠1~5cm,使搭接的部位保持平整。

4)抛丸露骨率应不小于30%,若达不到规定的露骨率时应进行二次抛丸。

5)抛丸处治后的表面应有均匀的粗糙度和良好的清洁度。

6)抛丸无法处治的边角等部位,宜采用手推式打磨机补充处治。

7）抛丸处治后应尽快进行防水黏结层的施工,减少二次污染。

8）桥面应平整,钢筋头突起物应凿除,以免抛丸设备出现漏砂等现象。

9）油污、锈迹、杂物、尘土应清理、清扫干净,防止施工过程中污染。

10）对抛丸处治后,桥面暴露出来的裂缝、孔洞等缺陷,应采用水泥浆或环氧树脂等修复。若桥面出现严重龟裂,应返工处理。

3 精铣刨施工应符合下列要求:

1）按照设备型号确定适宜的工作宽度,铣刨机行走速度按试验段确定的方案执行。

2）一般铣刨深度3~5mm。

3）作业面重叠宽度10~20cm,搭接部分应保持平整。

4）由于桥面不平整造成露白部分宜采用窄幅铣刨机补铣刨,或用抛丸机进行处治。

5）铣刨渣清扫,自卸车随铣刨机行驶,同步进行接料清理;等铣刨面干燥后,用小型清扫机和人工进行清扫,用空压机强风吹净,保证界面清洁、干净。

6）桥面应平整,突出物应凿除,不使铣刨机发生空刀。

7）油污、锈迹、养护剂、尘土应清理干净,防止施工过程中二次污染。

8）对铣刨处治后所暴露出来的裂缝、孔洞等缺陷,应采用水泥浆或环氧树脂等修复。若桥面整体化层出现严重龟裂,应返工处理。

4 经处理后的混凝土桥面应洁净、干燥并具有一定粗糙度,符合表10.3.1的规定。

水泥混凝土桥面处理质量控制标准　　　　　　表10.3.1

检 查 项 目	质量控制标准	检 查 方 法
平整度（mm）	没有明显突起或下凹,3m直尺最大间隙不大于5mm、高程偏差不大于15mm	需要时
清洁度	指触无明显灰尘	目测
露骨率（限抛丸）(%)	≥30	随机检测,露骨率采用标准板法
构造深度（mm）	≥0.45	铺砂法
摆值（BPN）	≥45	摆式仪

10.3.2 防水黏结层

1 原材料应符合下列规定:

1）水泥混凝土桥面与沥青面层的层间可采用快裂或中裂改性乳化沥青（PCR）底油 + "改性热沥青 + 碎石"或"橡胶沥青 + 碎石"的防水黏结层。也可采用经过实践验证的性能优良的其他新型防水黏结层。快裂或中裂改性乳化沥青（PCR）的洒布量为0.3~0.6kg/m^2。

2）桥面防水黏结层用改性沥青及改性乳化沥青符合现行《公路沥青路面施工技术规范》（JTG F40）的有关规定。

3）桥面防水黏结层用粗集料应采用石质坚硬、清洁、不含风化颗粒、近立方体的碎石,应选用反击式破碎机轧制的碎石,宜采用闪长岩、辉绿岩和玄武岩等碱性或中性硬质集料,质量应符合本指南的有关规定。

2 施工准备工作应符合下列规定：

1）桥面板表面应平整，凹凸高差宜不大于5mm；表面应密实、无浮浆、干燥，不能有钢筋、集料等尖锐突出物，桥面板处理符合规定。

2）防水黏结层正式施工前，应做长度100~200m的试验段，检验总结施工机械性能、洒（撒）布方法、碾压方案和养生措施以及质量检查等内容。

3 施工要点应符合下列规定：

1）防水黏结层施工应采用智能同步碎石封层车进行撒布，具体用量符合表10.3.2-1的规定。喷洒时应注意洒布车起步、停车以及搭接处的喷洒量，既不漏喷也不多喷。

桥面防水黏结层材料规格及用量　　表10.3.2-1

防水黏结层类型	防水材料		集料	
	名称	洒布量（kg/m²）	规格（mm）	撒布量
热喷改性沥青+碎石	改性沥青	1.6~1.8	4.75~9.5	覆盖70%~80%
热喷橡胶沥青+碎石	橡胶沥青	1.6~2.0	9.5~13.2	覆盖70%~80%
喷洒打底油	改性乳化沥青	0.3~0.6	—	—

2）改性乳化沥青宜在温度60~90℃下施工，热喷改性沥青宜在温度165~175℃、橡胶沥青宜在温度180~190℃条件下施工。

3）施工前在桥面上放置固定面积的搪瓷盘，喷洒后测定盘中洒入沥青数量，测定沥青洒布量，测点处应做好补洒工作。

4）集料撒布后立即用轮胎压路机均匀碾压1~2遍，每次碾压重叠1/3轮宽，碾压要求两侧到边，确保有效压实宽度。

5）在铺筑桥面铺装层前应控制机动车通行。

4 质量控制应符合下列规定：

1）施工过程中应随时进行外观检查，发现不满足要求时应立即停止施工，查找原因、采取措施后再恢复施工，对不符合要求部分应及时修补。

2）桥面防水黏结层施工过程中检查项目及检查标准应符合表10.3.2-2及现行《公路工程质量检验评定标准　第一册　土建工程》（JTG F80/1）的规定。

防水黏结层施工过程中检验项目与检查标准　　表10.3.2-2

项次	检查项目		规定值或允许偏差	检查频率
1	防水涂层	厚度（mm）	满足设计要求；设计未要求时，平均厚度≥设计厚度，85%检查点的厚度≥设计厚度，最小厚度≥80%设计厚度	测厚仪：每施工段测10处，每处测3点
		用量（kg/m²）	符合设计要求	按施工段涂覆面积计算
2	防水层黏结强度（MPa）		符合设计要求	按现行《公路工程质量检验评定标准　第一册　土建工程》（JTG F80/1）附录N进行

续上表

项次	检查项目	规定值或允许偏差	检查频率
3	混凝土黏结面含水率	符合设计要求	含水率测定仪：当施工段不大于1000m²时，每施工段测5处，每处测3次，取平均值；超过1000m²时，每增加1000m²增加1处

注：对防水层厚度、用量，仅需检查其中之一，渗透性防水涂料检查用量，其他涂料在用测厚仪困难时，检查用量。

10.3.3 沥青混凝土铺筑

1 桥面沥青铺装层施工用的原材料应符合本指南第6章和第7章有关规定。

2 桥梁伸缩缝临时封闭应采用临时伸缩缝，临时伸缩缝应根据不同类型的伸缩缝进行专项方案设计。

3 桥头位置沥青混凝土中面层宜采用挂线施工，保证沥青铺装层的平整度。

4 施工要点应遵循下列原则：

1）桥面沥青铺装下层施工，应按设计做好桥面碎石盲沟的预留，保证桥面排水系统的完善。

2）为确保桥面沥青铺装层的压实度及密水效果，摊铺速度以一般路面段的80%为宜。

3）桥面铺装的复压宜采用轮胎压路机或振荡压路机进行碾压，宜采用振荡压路机进行初压、复压。

4）桥面沥青铺装层施工时，严禁运输车辆在桥面上掉头、紧急制动，避免破坏桥面防水黏结层。

5 质量控制应符合下列规定：

1）桥面沥青铺装层原材料、混合料配合比设计、施工工艺及质量控制应符合本指南第6章或第7章的有关规定。

2）施工过程中应随时进行外观（色泽、油膜厚度、表面空隙等）检查，发现铺装层局部渗水、严重离析时，应采取补救措施。

3）应重点对桥面沥青铺装层压实度和渗水系数进行检查，渗水系数检测频率应为一般路面段的2倍。

4）在铺筑桥面沥青铺装层过程中应对桥面防水黏结层的效果进行评定，确认防水黏结层完整、不透水，与桥面板黏结良好。

5）桥面沥青铺装层与路面连接部位，应连接平顺。

11 隧道路面

11.1 一般规定

11.1.1 隧道路面包括水泥混凝土路面和复合式路面,分为基层施工和面层施工两个阶段,隧道水泥路面施工之前应设置滑动封层。

11.1.2 基层施工应在拱墙混凝土及二次衬砌施工完成后,宜保持超前3倍以上衬砌循环作业长度,以利于衬砌台车模筑混凝土施工,基层施工与掌子面距离不大于60m。

11.1.3 基层混凝土应及时进行施工,可半幅浇筑,以改善洞内交通状况和施工环境,但接缝应平顺,做好防水处理。

11.1.4 隧道底部,超挖在允许范围内应采用与衬砌相同强度等级混凝土浇筑;超挖大于规定时,应按设计要求回填,不得使用洞渣随意回填,严禁侵入衬砌断面或仰拱断面。

11.1.5 隧道路面施工宜在排水系统施工完成后进行,施工过程应确保排水设施完好,排水通畅。隧道洞外转向车道水泥混凝土路面应和洞内统筹安排施工,同步完成。

11.1.6 长、特长隧道采用水泥混凝土路面时,应采用全幅式滑模摊铺机施工。

11.1.7 隧道路面施工过程中,隧道内应保持良好通风,并应设置满足施工需要的照明系统。

11.1.8 为保证洞内空气质量,路面施工进洞的施工机械与车辆应配置带净化装置的柴油动力机械,不宜使用汽油动力机械进洞施工。

11.1.9 水泥混凝土路面应根据施工组织设计连续浇筑;在浇筑过程中,应保证已铺设路面地段修整、防护、养生等作业正常进行。水泥混凝土路面强度未达到设计要求时,不得开放交通。

11.1.10 复合式路面沥青层施工前,隧道内风机宜安装完成,未完成安装的应增加临时通风设施,保证隧道内通风良好。沥青中面层宜采用温拌或净味沥青混合料,上面层宜采用温拌或净味、阻燃沥青混合料。

11.1.11　特长隧道复合式路面沥青混合料宜进行单独配合比设计。

11.2　水泥混凝土路面

11.2.1　隧道水泥混凝土路面应选择耐磨性好的水泥，选择硅质含量高的天然砂作为细集料。

11.2.2　长、特长隧道水泥混凝土路面应选择滑模摊铺机施工，采用大型搅拌站拌和，提高新拌混凝土坍落度的控制水平，保证混凝土的施工和易性，提高水泥混凝土路面的平整度。

11.2.3　水泥混凝土整平的过程中不宜洒水，防止表面形成浮浆，降低混凝土表面的耐磨性。

11.2.4　应加强隧道水泥混凝土路面的养生，重视混凝土路面的养生工序，覆盖土工布并洒水保湿养生，提高水泥混凝土表面的强度和耐磨性。

11.2.5　水泥混凝土基层施工应符合下列规定：

1　施工前应清除积水、杂物和洞渣等。

2　施工时，应按图纸要求预埋横向盲沟、拱脚纵横向排水管等排水设施，并注意设置与二次衬砌贯通的变形缝。

3　施工过程中应采取措施保证洞内临时交通通畅。可采用搭过梁或栈桥施工方案，设临时车辆通行平台，保证不中断运输。

4　基层水泥混凝土强度达到设计强度100%后，方可允许车辆通行。

11.2.6　水泥混凝土面层施工应符合下列规定：

1　面层施工前应对下承层进行专项报验，其几何尺寸、高程、纵横向坡等均应符合设计及规范要求，表面应冲洗干净、不积水，且排水系统良好。

2　当基层产生纵、横向断裂、挤碎、隆起、碾坏或大面积高程偏高而影响路面厚度时，应挖除修复。

3　当基层局部小面积高程偏高影响路面厚度时，应凿除，确保面层厚度。

4　水泥混凝土面层的施工要求尚应符合本指南第9章的有关规定。

11.3　复合式路面

11.3.1　复合式路面是指水泥混凝土面层+沥青混凝土面层，面层施工包括水泥混凝土面层和沥青混凝土面层。

11.3.2　复合式路面的基层及水泥混凝土面层的施工技术要求应符合本指南第11.2节的有关规定。

11.3.3　沥青混合料面层宜在水泥混凝土面层达到设计强度的80%以后铺筑。

11.3.4 水泥混凝土下面层养生期满后应及时灌缝,灌缝应符合下列规定:

1 灌缝材料宜采用沥青玛蹄脂或掺加矿粉的改性热沥青。为保证沥青胶浆具有一定流动性及黏性,其粉胶比宜采用0.8。

2 若水泥混凝土下面层顶面处理采用精铣刨施工,宜铣刨施工完再灌缝,防止热沥青在铣刨过程中被带走。

3 灌缝前,应先采用切缝机清除接缝中夹杂的砂石、凝结的泥浆等,再使用大于或等于0.5MPa压力的水和压缩空气彻底清除接缝中的尘土及其他污染物,确保缝壁及内部清洁、干燥,再进行灌缝处理。

11.3.5 水泥混凝土面层表面处理宜采用喷砂抛丸或精铣刨两种方式,如顶面提浆过多无法满足抛丸露骨率要求时,应采用精铣刨进行处理。抛丸施工及精铣刨施工要点按本指南第10.3.1条的有关规定执行。经抛丸或精铣刨处理后的水泥混凝土顶面应洁净、干燥并具有一定粗糙度,符合表10.3.1的规定。

11.3.6 沥青面层与水泥混凝土面层之间应设置防水黏结层,防水黏结层施工前应检查水泥板处理的质量,水泥板表面应密实、无浮浆、干燥,不能有钢筋、集料等尖锐突出物。

11.3.7 防水黏结层正式施工前,应做100~200m的试验段,检验施工机械性能、材料洒布方法、碾压方案、养生措施等。

11.3.8 防水黏结层宜采用热喷改性沥青、橡胶沥青或不粘轮乳化沥青等材料。热喷改性沥青、橡胶沥青防水黏结层用粗集料应采用石质坚硬、清洁、不含风化颗粒、近立方体的碎石,应选用反击式破碎机轧制的优质碎石,规格应符合表11.3.8-1的规定。不粘轮乳化沥青的技术指标应符合表11.3.8-2的规定。采用不粘轮乳化沥青防水黏结层时不得用撒布碎石。

防水黏结层材料规格及用量　　　　表11.3.8-1

防水黏结层类型	防水材料		集料	
	名称	撒布量(kg/m²)	规格(mm)	撒布量
热喷改性沥青+碎石	改性沥青	1.4~1.6	4.75~9.5	覆盖70%~80%
热喷橡胶沥青+碎石	橡胶沥青	1.5~2.0	9.5~13.2	覆盖70%~80%
不粘轮乳化沥青	乳化沥青	0.8~1.0	—	—

不粘轮乳化沥青技术指标　　　　表11.3.8-2

试验项目	技术要求	试验方法
破乳速度	快裂	T 0658
粒子电荷	阳离子(+)	T 0653
筛上残留物(1.18mm筛)(%)	≤0.1	T 0652
标准黏度25℃	15~100	T 0622

续上表

试 验 项 目		技 术 要 求	试 验 方 法
蒸发残留物	残留分含量(%)	≥52	T 0651
	溶解度(%)	≥97.5	T 0607
	针入度(25℃)(0.1mm)	20~40	T 0604
	软化点(℃)	≥55	T 0606
	弹性恢复(25℃)(cm)	≥70	T 0662
常温储存稳定性(%)	1d	≤1	T 0655
	5d	≤5	

11.3.9 水泥混凝土下面层与沥青面层的层间可采用快裂或中裂改性乳化沥青（PCR）底油 + "改性热沥青 + 碎石"或"橡胶沥青 + 碎石"的防水黏结层。快裂或中裂改性乳化沥青（PCR）的洒布量应为 0.3~0.6kg/m²。

11.3.10 水泥混凝土下面层与基层层间滑动封层宜采用快裂或中裂改性乳化沥青（PCR）+ "改性热沥青 + 碎石"，改性乳化沥青洒布量应为 0.3~0.6kg/m²。

11.3.11 防水黏结层施工应采用同步碎石封层车进行撒布，用量应符合表 11.3.8-1 的规定。喷洒时应注意洒布车起步和停车以及搭接处的喷洒量，既不漏喷也不多喷。

11.3.12 防水黏结层施工完毕后，铺筑沥青层前应控制机动车通行。

11.3.13 防水黏结层施工过程中检查项目及检查标准应符合表 10.3.2-2 的规定。

11.3.14 复合式路面的沥青混合料面层的施工应符合本指南第 6 章或第 7 章的有关规定。

12 排水与附属设施

12.1 一般规定

12.1.1 路面排水系统主要包括路表排水、中央分隔带排水及路面结构内部排水。

12.1.2 小型预制构件的混凝土的拌和、原材料、配合比应符合设计及现行《公路工程水泥及水泥混凝土试验规程》(JTG E30)的有关规定。

12.1.3 小型预制件移动、堆放、安装时,其混凝土强度不得小于设计强度的70%,并注意强度和外观质量,要求颜色一致、无裂缝、不缺棱角。卸车前宜先确定卸车地点及数量,尽量减少二次搬运。

12.1.4 排水沟可采用集中预制、安装,或采用现浇施工或滑模施工。路缘石可采用集中预制或采用滑模施工。

12.1.5 采用滑模工艺施工附属设施时,应充分考虑临时排水。

12.1.6 应核查超高排水沟、集水井的盖板及隧道内的排水边沟与路面标线的位置关系。

12.1.7 检查井、天桥等中央分隔带断点位置应增加横向排水管,横向排水管或机电横穿管宜在路面底基层施工前完成预埋。

12.1.8 排水边沟、路缘石的线形应平顺,严格控制顶面高差,保证路面排水。

12.1.9 附属设施施工应与主体工程施工相协调,注意工序衔接,避免交叉施工干扰及污染。

12.2 路表排水

12.2.1 路表排水设施主要有路面纵坡、横坡、超高、路肩、急流槽和边坡防护等。

12.2.2 为防止路基冲刷,宜采用拦水路缘石,拦水带与急流槽的连接部位宜平顺、美观。

12.2.3 在超高渐变段横坡较小、路面排水不畅的路段,可采用排水沥青路面或微型排水沟;排水面层与下层之间应设置防水黏结层,防水黏结层宜采用改性沥青碎石封层。

12.3 中央分隔带排水

12.3.1 中央分隔带排水设施类型

1 中央分隔带排水设施主要有中央分隔带排水沟、路侧边沟、各类预埋排水管道(塑料盲管、集水井和集水坑的横向预埋管等)。

12.3.2 横向排水管道

1 横向排水管道预埋深度应符合设计要求,避免浅埋造成管道压裂或路面裂缝反射。

2 横向预埋管道预埋后,开挖槽应采用素混凝土回填并振捣密实,严禁采用泥土回填。

3 填方路段集水井的横向预埋管道出水口应设置急流槽,避免冲刷路基边坡。

12.3.3 中央分隔带预埋排水管道

1 中央分隔带沟槽应在清理彻底并进行水泥砂浆封底后布设塑料盲管,塑料盲管布设应连直,避免上下起伏、左右弯曲。

2 塑料盲管周边回填中粗砂,管节处宜采用土工布包封牢固。

12.3.4 预制排水沟

1 应根据设计图纸,以道路中心线为横向控制线,采用水平仪、经纬仪、钢卷尺、工字尺及其他必要的量具,准确测量定位,并逐段挂线施工。

2 预制安装的排水沟盖板顶面高程应比路表的高程略低,且两者的高差不超过10mm。

3 纵向排水沟、清淤井、沟身、墙身与路面之间施工缝隙应使用与路面结构层相同的材料回填,并夯实到路面各结构层压实度标准。

4 排水沟管节安装时,应在抹平砂浆未凝结前放置在基础上,并用水泥砂浆灌注节缝。排水沟沟身宜每20m设置一条沉降缝,缝宽宜为2cm,缝内填沥青麻絮等防水材料。

5 水沟底纵坡宜与路线纵坡相同,但应不小于0.3%,不满足要求的应用C25混凝土调整纵坡。

6 凹曲线最低点应设置集水井,其他路段集水井应按设计要求设置。

7 管节处应严格按设计要求设置止水橡胶条,伸缩缝设置在清淤井两端。

12.3.5 现浇排水沟

1 基层平整完毕后,应铺设混凝土垫层,混凝土表面应平整、密实,宽度大于缝隙式(盖板式)排水沟宽度。

2 排水沟与路面相接处,应设置一条碎石流水槽,或铺设透水管,排出路面结构层渗出的水。

3　模板应牢固,且在模板底部往上3~5cm的位置穿孔,穿塑料套管及紧固件,加固模板,同时保证钢筋保护层厚度。

4　排水沟盖板或缝隙式排水沟顶面高程应比路表高程略低,两者的高差应不超过10mm。

12.4　结构层内部排水

12.4.1　结构层内部排水设施主要有级配碎石基层、路侧及排水沟下的碎石盲沟等。

12.4.2　中央分隔带排水沟下的碎石排水层宜采用2~4cm单粒径碎石回填,将层间水排至中央分隔带回填砂中。

12.4.3　路肩碎石盲沟宜采用2~4cm单粒径碎石回填,路侧边沟或路肩墙内侧采用M10砂浆抹面,防止渗水,确保层间水通过路侧边沟或路肩墙上预埋的泄水孔排出。

12.4.4　桥面上横坡低侧宜采用9.5~19cm单粒径碎石设置10cm宽碎石盲沟,厚度与桥上中面层顶以下铺装层厚度相同。

12.4.5　排水设施施工应符合下列规定:

1　完成路面底基层施工后,应及时完成中央分隔带槽底砂浆抹面,并且槽底纵坡与路面纵坡相同。

2　中央分隔带复合土工膜应满铺,并顺坡搭接,避免中央分隔带水从接缝处灌入路床。

3　中央分隔带钢护栏立柱施工完毕后,应采用水泥砂浆封闭钢护栏立柱周围的土工膜破口,并喷洒热沥青,防止中央分隔带水灌入路床。

12.5　路缘石

12.5.1　路缘石预制、安装的施工应符合下列规定:

1　根据设计图纸,以道路中心线为横向控制线,采用水平仪、经纬仪、钢卷尺、工字尺及其他必要的量具准确测距定位,并逐段挂线施工。

2　路缘石应安砌稳固,顶面平整,缝宽均匀,勾缝密实,路缘石顶面衔接平顺,在曲线段圆滑美观。

3　安装完毕的路缘石排水口应整齐、通畅,无阻水现象。坐浆应饱满,坐浆抹平后安放路缘石,并稍稍锤击确保路缘石安装稳固。

4　勾缝前应再进行挂线,调整至顺直、圆滑、平整方可进行勾缝,缝宽0.5~1cm。先把缝内土及杂物剔除干净,并用水湿润。

12.5.2　路缘石滑模施工应符合下列规定:

1　工艺流程:放样挂线→摊铺机就位→拌和站出料→混凝土运输→摊铺→养生→切缝。

2 滑模摊铺路缘石宜在底基层或下基层施工完成后进行,施工完成后的路缘石作为基层施工的侧模,也可以在基层施工完成后进行路缘石的滑模施工。滑模施工及其路缘石效果分别如图 12.5.2-1、图 12.5.2-2 所示。

图 12.5.2-1 路缘石滑模施工　　　　图 12.5.2-2 滑模施工路缘石效果

12.5.3 路缘石施工完毕后,应对直顺度、缝宽、相邻两块高差及顶面高程等指标进行检测,不合格路段应重新铺设。

13 交通组织管理

13.1 一般规定

13.1.1 交通组织管理是指在路面施工阶段,对因路面、部分路基、机电、管道、交安、房建和绿化等同时施工而可能造成的质量问题、交通安全隐患进行相应的预防和管理。

13.1.2 路面施工阶段是指路面施工单位进场施工至施工结束的阶段。路面施工前应合理组织施工计划,力争按全断面验收路基,最大限度减少交叉施工。

13.1.3 交叉施工是指在路面施工过程中,路面、路基、机电、交安、管道、房建和绿化等施工标段之间(两个或两个以上标段)在同一或紧邻施工区域同时进行的施工作业。路面施工阶段应遵循"谁占道谁负责交通围蔽"原则,交通围蔽包括施工区域设置、施工材料围蔽与交通指挥。

13.1.4 路面施工单位应及时编制路面施工阶段交通组织方案并报监理单位和建设单位审批,建设单位负责收集各施工单位交叉施工和交通组织管理过程中的即时信息,及时做好动态调整,必要时由建设单位协调解决。

13.1.5 路面施工单位应配备交通指挥人员,落实排班制度,在各出入口和交通封闭施工点安排专人负责疏导与指挥交通,同时组建巡查队伍,配备巡查车辆及自动测速装置,落实路面交叉施工及交通安全管理制度。

13.1.6 路面施工单位应主动配合建设单位协调各参建单位交叉施工和交通安全工作,对检查发现涉及本标段安全主体责任的交叉施工和交通安全问题应及时落实整改,对巡查中发现的其他标段安全主体责任的问题及时报监理单位和建设单位,及时形成管理闭环。

13.1.7 参建各单位均应加强安全教育培训,及时组织技术管理人员、施工人员和驾驶人员学习路面施工阶段交叉施工和交通安全指引的相关要求,做好安全交底工作,按规定投入安全生产费用,配备必要的安全防护设施及个人防护用品。

13.2 交叉施工安全指引

13.2.1 危险源辨识

1 根据各种施工占道情况,可采取 3 种围蔽方式,分别为简易围蔽(图 13.2.1-1)、单幅部分车道封闭、(图 13.2.1-2)单幅全部车道封闭(图 13.2.1-3)。

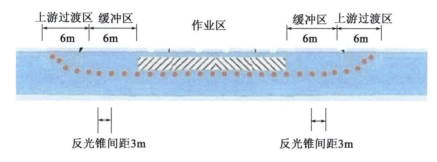

图 13.2.1-1 简易围蔽示例

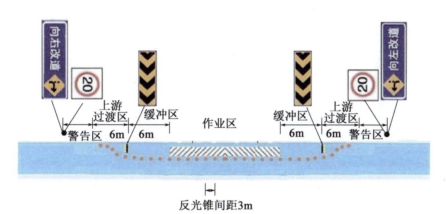

图 13.2.1-2 单幅部分车道封闭示例

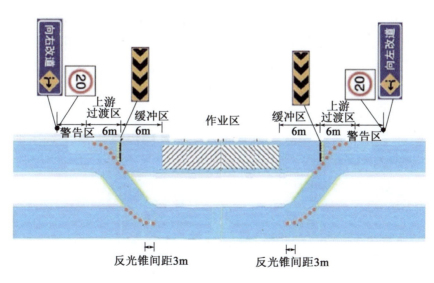

图 13.2.1-3 单幅全部车道封闭示例

13.2.2 简易围蔽形式

1 宜适用于仅占用路肩或只占用一个车道,对路段通行影响较小的情况。

2 应采用反光锥围蔽占用范围,并在占用范围上下游布置过渡区,反光锥布置间距为3m,过渡区长度为6m。

13.2.3 单幅部分车道封闭形式

1 宜适用于只占用单幅1~2个车道,并保留其他车道通行的情况。

2 应设置作业控制区,包括警告区、上游过渡区、缓冲区、工作区等区域,取消下游过渡区和终止区,即作业区两端均设置缓冲区、上游过渡区和警告区。

3 警告区应设置限速标志牌(一般路段20km/h,桥梁和隧道处10km/h)和向左(右)改道标志牌;上游过渡区长度应不小于6m;缓冲区长度应不小于6m,缓冲区起点设置线形诱导标。同时,用反光锥引导车流,反光锥布置间距为3m。

13.2.4 单幅全部车道封闭形式

1 宜适用于单幅全部车道封闭作业的情况。

2 参照现行《公路养护安全作业规程》(JTG H30)的相关规定,应设置作业控制区,包括警告区、过渡区、缓冲区、工作区等区域,取消下游过渡区和终止区,即作业区两端均设置缓冲区、上游过渡区和警告区。

3 警告区应设置限速标志牌(一般路段20km/h,桥梁和隧道处10km/h)和向左(右)改道标志牌;上游过渡区长度应不小于6m;缓冲区长度应不小于6m,缓冲区起点设置线形诱导标。同时,用反光锥引导车流,反光锥布置间距为3m。

13.2.5 垫层、基层施工安全指引

1 施工区域宜采用单幅全部车道封闭,封闭方式如图13.2.1-3所示。

2 靠近未完成加固、卸载的高边坡作业区域,应做好路面施工区域围蔽,严禁无关人员进入,现场施工人员不得在高边坡作业区域下方滞留。

3 垫层、基层施工结束后应垫顺接头,以免影响行车安全。

4 封闭区出入口应增设相应标牌,如"水稳施工出入口,禁止其他车辆进入"。

5 应对路面定时洒水,抑制、减少扬尘。

13.2.6 桥头搭板、伸缩缝临时填充、涵洞补强板施工安全指引

1 施工区域应采用单幅全部车道封闭,封闭方式如图13.2.1-3所示。

2 临时伸缩缝应进行专项设计。

3 桥面面层施工前应对伸缩缝进行临时处理,可用沥青混凝土或低强度等级混凝土填充,并与桥面结构保持平整,满足施工车辆通行。

4 应做好交通临时转换工作。

13.2.7 中央预制混凝土护栏、路缘石安装施工安全指引

1 预制混凝土护栏和路缘石应靠两侧整齐堆放,不得占用2个及2个以上车道。

2 在护栏吊装等施工时应按单幅部分车道封闭,封闭方式如图13.2.1-2所示。

3 在预制混凝土护栏卸载时应安排专人指挥。

13.2.8　桥面现浇防护栏施工安全指引

1　在桥梁边缘作业人员应系安全带,做好桥面临边防护,设置栏杆或挂安全网。

2　桥面现浇防护栏施工作业区应按单幅部分车道封闭,封闭方式如图 13.2.1-2 所示,现场安排专人指挥。

3　在跨线桥下通行路段应设置相应的警示标志及防护设施。

13.2.9　水泥混凝土路面施工安全指引

1　在水泥混凝土路面施工时,根据占道情况宜采用单幅部分车道封闭方式或单幅全部车道封闭方式进行围蔽施工,封闭方式如图 13.2.1-2 和图 13.2.1-3 所示。

2　开放交通前应将钢筋、废料等杂物移出。

13.2.10　沥青混凝土路面施工安全指引

1　施工区域应采用单幅全部车道封闭,封闭方式如图 13.2.1-3 所示。

2　沥青摊铺施工时,作业现场应设专人对摊铺机、压路机、运料机、车辆及作业人员进行统一指挥。

3　无关人员不得在运转的机械边上休息、停留。

4　沥青面层施工结束后宜保留切缝处的接头沥青废料,防止切缝啃边及影响行车安全。

13.2.11　隧道内路面施工安全指引

1　隧道路面结构层施工单位宜在施工前与路基单位协调采用单幅全部车道施工,避免两个施工单位同时在一个洞内交叉作业,封闭方式如图 13.2.1-3 所示。

2　隧道内宜采取洒水等措施,抑制、减少扬尘。

3　洞内行车速度应控制在 10km/h,车辆前后两车至少保持 30m 距离。

4　隧道内应保证正常照明,车辆、机械设备进入洞内前应开灯,会车时严禁开远光灯。

5　隧道内施工时,施工单位应对有害气体浓度进行检测,以免发生人员中毒、窒息等安全事故。

6　长大隧道施工应编制专项通风、照明方案,隧道内应保持良好的通风与照明条件。

13.3　交通组织指引

13.3.1　出入口管理

1　路面施工单位应在各主线出入口设置值班亭、洗车池,并设置施工期间"严禁无关车辆进入、违者后果自负"等警示告知牌。

2　值班人员应实行 24h 值班,对所有需要经过出入口的车辆严格执行通行证管理。对持有通行证但由于车况存在安全隐患或有抛、撒、滴、漏以及车轮可能会对路面造成污染的车辆,禁止通行;对将要进入施工现场的无关人员和车辆应进行劝离。

3　所有单位应持有建设单位统一组织发放的临时通行证,车辆车牌号应和所持有的通行证相对应,车辆应标识所在单位。严禁对无牌、无证、报废车辆或车况不好的车辆发放通行证。

13.3.2 通行线路管理

1 路面施工单位提交的交通组织方案应防止路面、桥梁出现结构损伤,减少渠化式通行。

2 严禁在正在养生的水泥稳定级配碎石层通行车辆;严禁在垫层、(底)基层上通行大型超载车辆,宜在水泥稳定级配碎石铺筑两层后再开放交通;应引导施工车辆从桥梁位置的路肩或超车道通行。

3 路面施工单位应根据审批的交通组织方案制定行车路线,行车路线可根据施工实际做出动态调整,并及时通知其他施工单位。改变后的路线应在交通组织方案范围内。其他施工单位需单幅全部车道封闭施工时,应提前将封路需求报告建设单位进行协调。

4 一般通行路段应每隔2km在中央分隔带设置限速20km/h的限速牌。隧道、特大桥路段应分别在隧道入口和特大桥桥头处设置10km/h的限速牌。

5 标志、反光锥等交通安全设施的颜色、尺寸和开关等应符合现行《道路交通标志和标线》(GB 5768)及有关标准的规定。

6 施工材料应集中堆放于道路两侧,不得堆放在道路中间,不宜堆放过高。

7 堆放在路边的施工材料严禁占用1个以上车道,并采用简易围蔽对堆放区进行封闭。

8 隧道内应采取清扫、洒水等措施,抑制、减少扬尘。

9 隧道洞内行车速度不得大于10km/h,车辆前后两车至少保持30m距离。

10 桥面边通车边施工情况下,施工区域严禁占用1个以上车道,并按单幅部分车道封闭方式进行围蔽,封闭方式如图13.2.1-2所示。

11 桥面应设置限速10km/h的限速牌和禁止掉头标志牌。

12 应尽量避免左右两幅桥面同时施工。

13 施工期间通行车辆严禁逆向行驶,应按照规定的行驶方向行驶。

13.3.3 车辆设备管理

1 施工车辆、设备在作业区域停放时应停靠两侧,不得影响其他车辆的正常行驶,并用反光锥围蔽。

2 车辆在路途中临时停放时应尽量靠近两侧。

3 施工车辆不得在桥面上集中停放。

4 施工车辆在行驶的过程中应严格按照规定的要求限速20km/h,在隧道内及桥面限速10km/h。

5 施工车辆行驶间距应保持至少30m以上。

6 严禁超载及人货混载行驶,在桥面与隧道处严禁掉头。

14 改(扩)建路面

14.1 一般规定

14.1.1 改(扩)建路面工程施工组织设计应考虑实施性交通组织方案,合理规划施工材料运输路线,设置路侧开口,减少对营运交通的影响。

14.1.2 改(扩)建路面工程施工与其他专业施工交叉繁多,施工单位应建立交通管制制度,避免污染路面,确保施工安全。

14.1.3 改(扩)建路面工程应充分利用产生的固体废弃物,减少资源浪费或环境污染。

14.1.4 施工单位应对全线既有道路路面高程数据进行复测,重点关注路桥过渡段和超高路段等,差异较大的应重新拟合。

14.1.5 既有道路路面封闭后,建设单位应组织各参建单位充分调查和评估既有道路路面状况,综合分析路面损坏原因,优化既有道路路面病害处治方案。

14.1.6 改(扩)建路面工程应加强对既有道路路肩的路面结构强度、排水设施的检测评估,合理利用既有道路路肩。

14.2 既有道路路面病害处治

14.2.1 应根据设计文件、既有道路路面动态检测结果、现行《公路沥青路面养护技术规范》(JTG 5142)等的有关规定,编制改(扩)建既有道路路面病害处治专项施工方案,必要时进行评审。

14.2.2 既有道路路面病害处治方案实施前,应对既有道路路面病害处治方案开展试验段验证。

14.2.3 改(扩)建既有道路路面病害处治后应进行检测评价,满足设计要求后,方可进行下一工序施工。

14.2.4 既有道路路面病害处治施工,应充分考虑天气、病害处治进度与交通组织等因素的影响,合理规划病害处治路段的长度。

14.2.5 既有道路路面病害采用铣刨重铺方案时,应确保路面病害处治质量,加强混合料温度、接缝处治、交通组织管理与控制,以满足相应结构层检验评价标准的要求。

14.3 硬路肩铣刨及路面拼接

14.3.1 硬路肩铣刨前,应查明既有道路填、挖方路段硬路肩路面结构及路面排水设施状况,并结合项目实际情况,制定合理的铣刨方案和路面排水改造方案。

14.3.2 沥青路面硬路肩应采用铣刨机铣刨,水泥混凝土硬路肩应先采用切割机切割顺直后再挖除。

14.3.3 硬路肩铣刨宽度应进行专项设计,既有道路与扩建路面的纵向接缝宜避开轮迹带,铣刨应防止出现夹层,对存在夹层的,应彻底清除。

14.3.4 硬路肩铣刨施工应符合下列规定:

1 铣刨设备应配备自动找平装置,宽度宜为1.0~2.1m,最大深度宜不小于30cm,深度误差为±1.0cm。

2 铣刨速度应均匀、连续,并设专人控制铣刨深度,避免出现夹层、超铣。

3 铣刨施工结束后,应对铣刨台阶进行清扫及修整,对台阶的松散、夹层等缺陷进行处理,确保铣刨台阶的平整、坚实。

4 硬路肩铣刨后,应对软弱路床进行补强处理。

5 硬路肩存在横向盲沟的位置,应进行重点处理。

6 硬路肩铣刨应进行试验段验证。

14.3.5 改(扩)建路面拼接施工应符合下列规定:

1 摊铺扩建路面水泥稳定级配碎石基层时,宜对既有道路水泥稳定级配碎石基层铣刨台阶的垂直面、水平面均匀洒布水泥净浆。

2 拼接部位水泥稳定级配碎石基层摊铺、碾压过程中,应采用人工补料等方式,防止拼接缝位置空隙过大、碾压不密实现象的出现。

3 拼接部位水泥稳定级配碎石基层碾压应控制压路机的碾压速度和振动频率,减少振动压路机对既有道路基层的扰动破坏。

4 既有道路与扩建路面沥青面层接缝处宜采用SBS改性热沥青、改性乳化沥青或压缝条等接缝黏结料处理。

5 摊铺扩建路面沥青层时,应在接缝处贴铺防反射裂缝材料。

14.3.6 根据交通组织实际情况合理安排施工计划,避免沥青面层出现纵向冷接缝。

14.4 再生利用

14.4.1 改(扩)建路面工程应合理利用路面废旧材料,并合理规划回收材料存储场地;铣刨材料应按材料类型分类堆放,提高回收利用率。

14.4.2　改(扩)建路面再生工程实施前,应对既有路面历史信息和技术状况等进行调查和评定,并根据工程要求、使用层位、气候条件及交通情况等选用符合要求的材料。

14.4.3　半刚性基层材料再生利用宜采用厂拌冷再生技术。

14.4.4　水泥混凝土路面材料宜采用就地再利用技术,施工条件受限时也可采用集中破碎再生的方案。

14.4.5　沥青面层材料可采用厂拌热再生、就地热再生或厂拌冷再生技术进行高值化利用,回收材料宜破碎筛分成不少于3档。

14.5　路面排水改造

14.5.1　横向排水管宜提前接长;对于既有道路加密设置横向排水管的,宜采用顶管法施工,保证路面排水畅通。

14.5.2　硬路肩铣刨后,应同步做好临时排水设施。

14.5.3　当挖除原有硬路肩时,应按设计同步完成路面边沟、渗沟、排水沟等永久排水工程。

14.5.4　对于未施工完成的临时通行路面,应采取临时措施排除路面积水,确保行车安全。

附录A

路面试验段总结报告编写要求

A.1 垫层、底基层、基层试铺

垫层、底基层、基层等结构层试铺完成并经检测后,应及时进行试铺总结的编写工作。试铺总结按以下顺序和内容进行编写。

A.1.1 试验段概况

试验段概况包括桩号、长度、面层结构类型、施工日期、施工单位、监理单位、施工天气情况(温度、湿度、风力)等。

A.1.2 批准的配合比

批准的配合比包括场地原材料性能检测结果(集料、水泥)、矿料级配组成,水泥(石灰)、碎石的比例,标准击实、7d 无侧限抗压强度(或 CBR)等试验结果。

A.1.3 机械设备与人员组成

1 使用的主要机械设备和数量。

2 人员组成情况及分工职责。

A.1.4 混合料拌和

1 拌和机型号、上料速度、拌和数量、拌和时间、卸料方式等。

2 验证混合料配合比:试拌混合料的集料级配、混合料配合比、混合料含水率等。

A.1.5 混合料摊铺

摊铺机梯队作业情况(或路拌方法)、料车卸料方式、摊铺速度、厚度控制及找平方式、消除摊铺离析的技术等。

A.1.6 混合料碾压

应至少有两种不同的碾压组合方式(应确保达到要求的压实度),每种方案包括碾压机具的选择、组合方式、压实顺序、碾压速度及遍数(列表说明)等。

A.1.7　铺层松铺系数

铺层松铺系数用定点测量下卧层表面高程、面层松铺高程、面层压实高程等计算得到,测点数应大于30。测量数据应在总结中列出。

A.1.8　施工接缝处理方法

两台推铺机中间接缝、施工缝的处理方法,确保接缝处铺层的压实度和外观均匀性符合规定的方法。

A.1.9　试验段各项技术指标检查结果

A.1.10　试铺存在的问题及分析

介绍试铺过程中存在的问题及造成原因分析。

A.1.11　结论意见

1　试铺是否成功。建议施工用的配合比。
2　建议施工产量及作业长度。
3　正式施工中需改进的若干建议。
4　对开工申请中施工组织设计的修改建议。
5　确定施工组织及管理体系、质保体系。
6　安全保障措施、应急预案。

A.2　沥青路面面层试铺

沥青路面试铺用正式表报批,放在总结的首页,按以下内容编写。

A.2.1　试铺路段概况

试铺路段概况包括桩号、长度、面层结构类型、施工日期、施工单位、监理单位、施工天气情况(温度、湿度、风力)等。

A.2.2　批准的目标配合比和生产配合比

1　原材料质量:包括原材料产地品种、性能检测结果。
2　目标配合比:批准的目标配合比试验结果。
3　生产配合比:包括各热料仓集料、矿料筛分结果,密度试验结果,矿料级配组成,最佳沥青用量(油石比)的沥青混合料技术性质试验结果。

A.2.3　机械设备和人员组成

1　使用的主要机械设备和数量。
2　人员组成情况及分工职责。

A.2.4　沥青混合料试拌

1　拌和机的拌和方式:拌和机型号、上料速度、拌和数量、拌和温度(沥青温度、集料温度、出料温度)、拌和时间(干拌时间、湿拌时间、加料卸料时间)等。
2　验证沥青混合料配合比:试拌沥青混合料技术性质,确定试铺用沥青混合料的配合比。

A.2.5 沥青混合料摊铺

摊铺机梯队作业情况、料车卸料方式、摊铺温度、摊铺速度、初步振捣夯实的方法和强度、熨平板预热方式和温度、厚度自动控制及找平方式、消除铺面离析的技术等。

A.2.6 沥青混合料压实方案

应至少有两种压实方案(应确保达到要求的压实度)。每种方案包括压实机具的选择、组合方式、压实顺序、碾压速度及遍数、碾压温度等。

A.2.7 面层松铺系数

面层松铺系数用定点测量的下卧层表面高程、面层松铺高程、面层压实高程方法计算得到,测点数应大于30。测量数据应在总结中列出。

A.2.8 施工缝处理方法

两台摊铺机中间接缝的处理方法,确保接缝处面层的压实度、渗水系数和外观均匀性符合规定的方法。

A.2.9 试铺路段各项技术指标检查结果

1 施工单位每种碾压方案钻芯取样数不少于10个,渗水系数测点不少于15个。

2 检测中心、监理单位可与施工单位共同钻取芯样,试样共享,分别测定;独立完成渗水系数测定不少于10点。

3 以上各单位均应计算试验段的各热料仓比例,并与生产配合比进行比较。

A.2.10 试铺存在的问题及分析

介绍试铺过程中存在的问题及原因分析,提出解决措施。

A.2.11 结论意见

1 试铺是否成功。建议施工用沥青混合料配合比。

2 建议施工产量及作业段长度。

3 正式施工中需要改进的若干建议。

4 对开工申请中施工组织设计的修改建议。

5 确定施工组织及管理体系、质保体系等。

6 安全保障措施、应急预案。

A.3 水泥混凝土路面试铺

水泥混凝土路面面层试铺完成,并经检测后,应及时进行试铺总结的编写工作。试铺总结按以下顺序和内容进行编写。

A.3.1 试验段概况

试验段概况包括桩号、长度(不少于20m)、水泥混凝土结构类型、施工日期、施工单位、监理单位、施工天气情况(温度、湿度、风力)等。

A.3.2 批准的配合比

1 原材料质量:包括原材料产地品种、性能检测结果。

2 配合比:包括水灰比、砂率、单位体积用水量、单位体积水泥用量、砂石料用量。

A.3.3 机械设备和人员组成

1 使用的主要机械设备和数量。

2 人员组成情况及分工职责。

A.3.4 水泥混凝土拌和

通过试拌检验搅拌楼性能及确定合理搅拌工艺,检验适宜摊铺的搅拌楼拌和参数,包括:上料速度,拌和容量,搅拌均匀所需时间,新拌混凝土的坍落度、振动黏度系数、含气量、泌水性、VC值和生产使用的混凝土配合比等。

A.3.5 水泥混凝土摊铺

通过试铺检验主要机械的性能和生产能力,检验辅助施工机械组配合理性;检验面层摊铺工艺和质量;模板架设固定方式或基准线设置方式;摊铺机械(具)的适宜工作参数,包括松铺系数、摊铺速度、振捣时间与频率、滚压遍数、碾压遍数、压实度、中间和侧向拉杆置入情况等;检验整套施工工艺流程。

A.3.6 试验段各项技术指标检查结果

建立混凝土原材料、拌合物、路面铺筑全套技术性能检验手段,熟悉检验方法。

A.3.7 试铺存在的问题及分析

试铺过程中,施工单位应认真做好记录;监理单位监督检查试验段的施工质量,及时与施工单位商定并解决问题。

A.3.8 结论意见

1 试铺是否成功。建议施工用的配合比,提出材料供应要求。

2 建议施工产量及作业段长度,制定面层混凝土摊铺施工进度计划。

3 正式施工中需要改进的若干建议。

4 对开工申请中施工组织设计的修改建议。

5 确定施工组织及管理体系、质保体系等。

6 安全保障措施、应急预案。

附录B

沥青质量管理办法

B.1 沥青供应管理

B.1.1 沥青供应商不得更换中标品牌，特殊情况下如需更换品牌，应经建设单位书面批准。供应商未经批准调换品牌或提供假冒伪劣产品，一经发现，将按所供应数量处以5倍罚款；数量巨大或造成工程质量事故的，除终止合同外，还将追究当事人(单位)的相关责任。

B.1.2 沥青的中转、存放和运输，应在建设单位和监理单位的监督下采用"分类存放，先进先出"的原则进行。材料中转仓的规模、设施配备、堆放场地及办公场所应满足合同强制性标准及建设单位的要求，且24h专人管理。建设单位和监理单位有权对其实施检查、督促整改。驻库代表对沥青中转库进行全过程监控，中转库中每天沥青数量增减应进行登记造册，并由驻库代表签字确定，建设单位有权停止使用未进行登记的沥青库。

B.1.3 供应商应提前一周知会建设单位运输船到岸细节，包括合同号、货物描述、数量、船(车)名、提单号、装运地、起运日期、目的港口和预计抵达日期等内容。

B.1.4 沥青到岸时应由驻库代表对沥青从船泵至储存罐的转移进行全过程监控，并在卸船完毕后，对该储存罐进行铅封，记录编号、储存数量等相关资料，收集、保存该船沥青的以下资料文件：每船购货时的货物原产地证明、装船单、装箱单、出厂检验报告、SGS检验报告、报关单、购货合同和进货发票。供应商应在货到后的15个工作日内提供商检报告。上述资料如果供应商提供的是复印件，应加盖供应商公章。

B.1.5 普通沥青卸货时，供应商代表、建设单位代表和监理代表应按有关标准在储存罐内取样，共取3组/(罐·批)。其中，1组样品由建设单位、监理和供应商代表一起送至建设单位指定的具有中国计量认证(China Inspcetion Body and Laboratory Mandatory Approval, CMA)资质和公路工程综合甲级资质的检测单位进行国标全套指标和美国SHRP沥青PG性能等级检验。取样频率按每船1次。另外2组样品分别由供应商、检测中心保存。只有该批次沥青资料齐全并能证明货物的合法性和真实性,送样全套指标符合相关合同文件的技术要求后,该临时储存罐方可启用;若不满足要求,供应商应收回相关数量的沥青材料,重新供应符合技术要求的沥青。

  B.1.6 应加强对改性沥青的质量抽检工作。应由建设单位、监理单位和供应商代表按相关标准在改性沥青加工生产厂家或到场改性沥青运输车上取样并送检,每次取样4组/(罐·批)。其中,1组样品由建设单位、监理单位和供应商代表一起送至建设单位指定的具有CMA资质和公路工程综合甲级资质的检测单位进行国家标准全套指标检验和美国SHRP沥青PG性能等级检验。取样频率以每2000t为一个批次进行国标全套指标检验,以每4000t为一个批次进行美国SHRP沥青PG性能等级检验。另外3组样品由建设单位和监理单位、供应商各保存1组。

  B.1.7 建设单位有权加大沥青产品的抽样外检频率。如试验项目指标全部或部分不满足招标文件或购销合同的技术要求,供应商应无条件收回相关数量的沥青材料,重新供应符合有关技术要求的沥青材料。

  B.1.8 沥青的中转、存放和运输,应在建设单位和监理单位的监督下进行。沥青的中转仓库规模、设施设备、堆放场地及办公场所应满足合同强制性标准及建设单位的要求,24h有专职人员管理和监督。建设单位和监理单位有权对其进行随机检查并提出整改要求,供应商应予以改善。

B.2 沥青运输及装卸管理

  B.2.1 沥青供应商应保证项目所用沥青在指定码头由建设单位或监理单位所封存的储存罐中装运,并负责将沥青运送到施工单位指定的沥青罐。

  B.2.2 供应商应采用专用封条对装车完毕的沥青运输车进行封闭。在装车之前应通知驻库代表,装车过程应有驻库代表旁站,并按规定格式填写运送单,运送单应包含驻库代表签名和发车时间,完善各种签认手续并留存。

  B.2.3 供应商应为沥青运输专用车辆加装GPS系统,且保证车况良好。建设单位、监理单位和施工单位有权随时通过GPS对运输专用车辆进行监控,确保沥青运输车辆为该项目固定所用。沥青运输车队应提前向建设单位及施工单位提供沥青运输专用车的有关资料(车牌号、驾驶员姓名、身份证号码、联系电话等)。

  B.2.4 装车完毕后应在车辆的进料口(上)和出料口(下)处用带编码封条封口,并详细填写沥青运输/质量监控表,完善各种签认手续。

  B.2.5 沥青供应商、沥青运输车队应控制好沥青出库及到达工地现场的温度。普通沥青的出库温度应在130~140℃之间,到达工地现场的温度应不低于120℃;改性沥青的出库温度应在150~160℃之间,到达工地现场的温度应不低于140℃。

  B.2.6 沥青运输车辆在沥青库装货并出库后24h内到达项目路面标拌和站,超过时间的,施工单位可拒绝卸货签收。

B.2.7 施工单位应为沥青运输车提供汽车便道和卸货作业场地,并提供符合施工要求的沥青储存罐。施工单位应确保拌和站沥青储存罐有计重、规格标识,温度与液位显示有效。

B.2.8 沥青运输车辆到达施工单位仓库后,施工单位应积极配合,为车辆卸货提供方便,并在车辆到达后4h内卸入指定的沥青储存罐。如因施工单位的原因,导致沥青的温度下降,造成的相应损失应由施工单位负责。

B.2.9 沥青库、沥青运输车队、施工单位等各方应严格注意安全问题。沥青库、施工单位应在沥青储存罐卸油处设置专门的卸油槽($1\sim2m^3$),以免在装、卸沥青时出现安全事故。如施工单位未设置专门的卸油槽或未安排专人管理安全作业,导致在卸油过程中发生安全事故的,由施工单位负责。

B.2.10 沥青运至施工现场后,施工单位应保证随时有专职材料员在现场进行验收。

B.3 沥青的验收及外观鉴定

B.3.1 沥青现场验收应由运输车辆驾驶员、施工单位的专职材料员、驻地监理共同参与,联合验收。

B.3.2 沥青现场验收应符合以下规定:

1 供应商应随车提供产品质量相关文件,包括对应批次的产品合格证、自检报告(国标全套及PG分级)、外检报告(国标全套及PG分级)、沥青运输质量监控表等,用于沥青材料的现场验收。

2 现场验收时,验收人员应对上述供应商随车提供的产品质量相关文件、运输车上的封条(铅封)、随车的沥青运送单、运输车号、到货时间等情况进行检查和确认,并作相应记录。如发现情况异常或不符合规定的,验收人员有权拒绝卸货,因此造成的损失由供应商负责。

3 如果施工单位使用未经验收人员联合验收的沥青,其质量责任由施工单位承担,同时建设单位有权拒绝对该部分沥青进行结算。

B.3.3 抽样检查应符合以下规定:

1 验收合格后,施工单位每车抽取4个样品进行封存,驾驶员和施工单位各留存1个样品,其余的送监理单位留存。封存样品应由驾驶员、施工单位的专职材料员和驻地监理人员共同签名确认,驻地监理应对材料验收的全过程进行监督。在沥青使用过程中如发生质量争议,以封存样品的检验结果为准。

2 封存样品取样方法:运输车辆到达标段开始卸货20min后,直接在车辆卸油管口取样,不能直接在车顶、卸油槽或工地储罐内取样。

B.3.4 沥青应在试验项目指标全部满足招标文件、购销与供应合同的相关技术要求时,施工单位才可以将其应用于路面。若施工单位的试验项目指标全部或部分不满足相关技术要求,则由检测中心对相应沥青样品进行日常指标检测,对于A级70号沥青主要进行三大指标试验检测：针入度、延度（包括老化前及老化后10℃延度）、软化点；对于改性沥青主要进行五大指标试验检测：针入度、延度（包括老化前及老化后5℃延度）、软化点、弹性恢复、改性剂掺量。若检测中心的普通沥青和改性沥青检验结果不满足相关技术要求，应暂停使用。

B.3.5 施工单位和监理单位应相应建立各自的沥青试验检测及进场台账，并由监理工程师负责复核汇总，每半月汇总上报建设单位、抄送供应商。监理工程师应每半月对施工单位的实际沥青用量与理论用量进行复核对比，并将复核情况上报建设单位。

B.3.6 检验结果存异处理应符合以下规定：

1 若供应商、建设单位或施工单位中的一方或多方对检验结果存在异议，应由建设单位、施工单位和供应商将由监理工程师封存的样品送往各方共同认可的具有CMA认证的检验机构做全套指标检测。

2 若供应商、建设单位或施工单位中的一方或多方对上述检验结果仍有异议，应由施工单位、建设单位和供应商将由施工单位封存的样品送往招标文件指定的质量仲裁机构做全套指标检验。此检测结果为最终结果。

B.4 沥青仓库、保管、堆放

B.4.1 沥青材料储存、保管应按国家有关规范、合同及建设单位管理的要求，做好沥青材料的储存、隔离、标识、遮盖等工作。

B.4.2 建设单位、监理单位应经常检查，发现问题应及时要求施工单位进行整改；建设单位有权对存放不符合要求而导致不适合继续使用的沥青材料停止使用并清理出场，由此造成的损失由施工单位承担。

B.4.3 沥青应按不同来源、不同标号分开存放，不得混杂。施工单位的沥青仓库、保管、堆放应符合国家有关规范要求。

B.4.4 沥青应避免长时间存放，存放时间超过15d的沥青在使用前抽样检验，不符合技术要求的不得使用。

B.4.5 沥青在储运、使用及存放过程中应有良好的防水措施，避免雨水或加热管道的蒸汽进入沥青罐中。由于保管不善，引起沥青变质，不得用于路面。

附录C

拌和楼信息化管理系统报警触发条件

C.0.1 沥青混合料拌和楼信息化管理系统应包括沥青混合料生产过程中各档材料实际用量和沥青实际用量与设计配合比用量的偏差、拌和时间、产能统计、出料温度等监控内容。沥青混合料拌和报警触发条件推荐值如表C.0.1所示。

沥青混合料拌和报警触发条件推荐值　　　　表 C.0.1

项　目		初级报警偏差	高级报警偏差
油石比		[-0.3%, -0.2%], [0.2%, 0.3%]	>0.3%, <-0.3%
矿粉用量		[-1.0%, -0.5%], [0.5%, 1.0%]	>1.0%, <-1.0%
水泥用量		[-1.0%, -0.5%], [0.5%, 1.0%]	>1.0%, <-1.0%
0~3mm		[-2.0%, -1.5%], [1.5%, 2.0%]	>2.0%, <-2.0%
3~6mm		[-4.0%, -3.0%], [3.0%, 4.0%]	>4.0%, <-4.0%
6~11mm		[-5.0%, -4.0%], [4.0%, 5.0%]	>5.0%, <-5.0%
11~18mm		[-5.0%, -4.0%], [4.0%, 5.0%]	>5.0%, <-5.0%
11~22mm		[-5.0%, -4.0%], [4.0%, 5.0%]	>5.0%, <-5.0%
22~30mm		[-5.0%, -4.0%], [4.0%, 5.0%]	>5.0%, <-5.0%
关键筛孔通过率	0.075mm	[-2.0%, -1.0%], [1.0%, 2.0%]	>2.0%, <-2.0%
	≤2.36mm	[-4.0%, -2.0%], [2.0%, 4.0%]	>4.0%, <-4.0%
	≥4.75mm	[-5.0%, -3.0%], [3.0%, 5.0%]	>5.0%, <-5.0%
拌和时间		普通沥青小于40s，改性沥青小于50s(60s)	普通沥青小于35s，改性沥青小于45s(55s)
70号普通沥青出料温度		>165℃, <145℃	>185℃, <135℃
SBS类改性沥青出料温度		>185℃, <170℃	>195℃, <150℃

注：表中括号中的数值是对SMA或添加纤维的沥青混合料要求。

C.0.2 水泥稳定碎石拌和机信息化管理系统应包括水泥用量、各档集料、用水量等监控内容。水泥稳定碎石拌和报警触发条件推荐值如表C.0.2所示。

水泥稳定碎石拌和报警触发条件推荐值　　　　表 C.0.2

项　目	初级报警偏差	高级报警偏差
水泥用量	[-1.0%, -0.5%],[0.5%, 1.0%]	>1.0%, <-1.0%
细集料用量	[-5.0%, -3.0%],[3.0%, 5.0%]	>5.0%, <-5.0%
粗集料用量	[-6.0%, -3.0%],[3.0%, 6.0%]	>6.0%, <-6.0%
用水量	[-2.0%, -1.0%],[1.0%, 2.0%]	>2.0%, <-2.0%

C.0.3　水泥混凝土拌和楼信息化管理系统应包括水泥用量、集料、外加剂、水、水胶比等监控内容。水泥混凝土拌和报警触发条件推荐值如表 C.0.3 所示。

水泥混凝土拌和报警触发条件推荐值　　　　表 C.0.3

项　目	初级报警偏差	高级报警偏差
水泥	[-4.0%, -1.0%],[1.0%, 4.0%]	>4.0%, <-4.0%
掺合料	[-4.0%, -1.0%],[1.0%, 4.0%]	>4.0%, <-4.0%
纤维	[-4.0%, -2.0%],[2.0%, 4.0%]	>4.0%, <-4.0%
外加剂	[-2.0%, -1.0%],[1.0%, 2.0%]	>2.0%, <-2.0%
细集料	[-5.0%, -2.0%],[2.0%, 5.0%]	>5.0%, <-5.0%
粗集料	[-5.0%, -2.0%],[2.0%, 5.0%]	>5.0%, <-5.0%
水	[-2.0%, -1.0%],[1.0%, 2.0%]	>2.0%, <-2.0%

附录D

SBS改性沥青中SBS含量测定（红外光谱法）

D.1 目的与适用范围

D.1.1 本方法适用于测定SBS改性沥青中SBS含量。

D.1.2 本试验采用红外光谱法，通过测定SBS改性沥青红外光谱吸收峰966cm^{-1}处和1377cm^{-1}处的特征峰面积，确定改性沥青中SBS的含量。

D.2 原理

D.2.1 傅立叶变换红外光谱技术（FTIR）是定性分析分子结构与组成、定量分析物质浓度的有力工具。其基本原理是将一束不同波长的红外射线照射到物质的分子上，某些特定波长的红外射线被吸收，形成这一分子的红外吸收光谱。根据朗伯—比尔（Lambert-Beer）定律，利用待测物质特征官能团在特定波长（波数）处的红外吸收强度与物质浓度的正比关系，进行改性沥青中SBS含量测定。

D.2.2 本方法选取改性沥青红外光谱图中966cm^{-1}处的C=C—H基团上碳氢键弯曲振动特征吸收峰，和1377cm^{-1}处的CH$_3$基团上碳氢键弯曲振动特征吸收峰，作为SBS含量测定的特征吸收峰。分别测量特征吸收峰面积（S_{966}和S_{1377}），计算两峰面积的比值（A），以比值（A）与SBS含量建立线性标准曲线。通过对待测改性沥青试样进行红外光谱检测、两特征峰面积测量以及比值（A）的计算，对照标准曲线，确定试样中SBS的含量。

D.3 仪具与材料技术要求

D.3.1 红外光谱仪:带有多次反射 ZnSe ATR 附件及相关分析软件。仪器的技术条件如下:

1 检测环境:温度(23 ±2)℃,相对湿度(50 ±10)%。
2 分辨率:不低于 $0.5cm^{-1}$。
3 光谱范围:$5100 \sim 600cm^{-1}$。
4 波数精度:$0.05cm^{-1}$。

D.3.2 剪切机:最大转速不小于6000r/min,处理能力 $0.5 \sim 5L$。

D.3.3 烘箱:200℃,装有温度控制调节器。

D.3.4 盛样器:可加热、广口金属容器(如罐、桶、铝锅),容量1000mL、1500mL、2000mL。

D.3.5 天平:一台感量不大于1mg,一台感量不大于1g。

D.3.6 温度控制器:500℃,装有温度传感器。

D.3.7 加热炉具:电炉或燃气炉(丙烷石油气、天然气)。

D.3.8 硅胶试模:厚度 $3 \sim 5mm$。

D.3.9 其他仪具:棉签、无水乙醇、汽油、一次性橡胶手套、刮刀等。

D.4 方法与步骤

D.4.1 取样

1 改性沥青从储油罐中取样时,用取样器按液面上、中、下位置(液面高度各为1/3等分处,但距罐底不得低于总液面高度的1/6)各取 $2 \sim 4L$ 样品,充分混合后取不少于4.0kg的样品作为试样。

2 改性沥青从沥青桶中取样时,能确定同一批生产的产品时,可以随机取样;不能确定时,每5桶至少取一次不少于5.0kg的试样。

3 普通沥青取样质量不少于10.0kg,改性剂质量不少于2.0kg,稳定剂质量不少于1.0kg。

D.4.2 准备工作

1 改性沥青的制备应符合以下规定:

1)将装有普通沥青的盛样器带盖放入恒温烘箱中,当沥青试样中含有水分时,烘箱温度80℃左右,加热至沥青全部熔化供脱水用。当沥青中无水分时,烘箱温度宜为软化点温度以上90℃。沥青试样不得直接采用电炉或者燃气炉明火加热。

2)称量SBS改性剂和稳定剂(准确至1mg),备用。

3)称取普通沥青至少约1000.0g(准确至0.1g)至干燥、洁净的盛样器中。

4)加热炉具,打开温控器调节至170℃左右。

5)将称量好的热普通沥青放到加热炉具上,添加要求的SBS改性剂。

6)打开剪切机,调整转速为6000 r/min左右剪切1.5h,温度控制在175℃。

7)加入稳定剂,含量为总质量的1‰~2‰,在180℃剪切1.5h。

8)改性沥青制作完毕,备用。

2 标样配制与测试应符合以下规定:

1)制备SBS含量分别为3.5%、4.0%、4.5%、5.0%、5.5%的改性沥青,其中标样中SBS含量按式(D.4.2-1)计算:

$$C_{SBS} = \frac{M_{SBS}}{M_{SBS} + M_{BIT} + M_{ADD}} \quad (D.4.2\text{-}1)$$

式中:C_{SBS}——标样中SBS含量(%);

M_{SBS}——标样中SBS质量(g);

M_{BIT}——标样中普通沥青质量(g);

M_{ADD}——标样中稳定剂质量(g)。

2)取出制备的不同含量的改性沥青,搅拌均匀,制作红外光谱检测试样,同一改性剂含量的试样应不少于5个。

3)采用红外光谱仪测试各个试样的红外光谱图,获取特征吸收峰面积(S_{966}和S_{1377})。

3 标样曲线制作应符合以下规定:

1)按式(D.4.2-2)和式(D.4.2-3)分别计算吸收峰面积S_{966}和S_{1377}、比值A_i及其平均值$\overline{A}$。

$$A_i = \frac{S_{966,i}}{S_{1377,i}} \quad (D.4.2\text{-}2)$$

$$\overline{A} = \sum_{i=1}^{n} A_i \quad (D.4.2\text{-}3)$$

式中:A_i——$S_{966,i}$和$S_{1377,i}$的比值;

$\overline{A}$——A_i的平均值;

A_i——第i次检测试样得到的特征峰面积值,$\overline{A}$与A_i相对偏差不超过5%,超过则舍去,增加试验;

n——平行检测次数,$n \geq 5$。

2)以$\overline{A}$为横坐标,改性剂含量为纵坐标,绘制出关系曲线,拟合的关系式(线性相关系数R^2应大于0.99),见式(D.4.2-4):

$$C_{SBS} = a\overline{A} + b \quad (D.4.2\text{-}4)$$

式中:C_{SBS}——改性沥青中SBS的含量(%);

a、b——常数。

3)不同厂家、批次、品牌SBS改性沥青改性剂含量测定时,应分别制作标样曲线。

D.5 改性沥青SBS含量测试与计算

D.5.1 将待测改性沥青加热至熔化状态,搅拌均匀,制作红外光谱检测试样(试样数量应不少于5个)。

D.5.2 采用红外光谱仪测试各个试样的红外光谱图,获取每个试样沥青吸收峰面积 S_{966} 和 S_{1377} 的平均值 $\bar{S}_{966}$ 和 $\bar{S}_{1377}$,并求比值 A。

D.5.3 按标样曲线计算并查出该试样中 SBS 含量 $C_{SBS,i}$。

D.5.4 求出平均值 $\bar{C}_{SBS}$。

D.6 报告

同一试样至少平行试验5次,平行试验的结果符合重复性试验允许误差要求时,取其平均值作为试验结果。

D.7 允许误差

重复性试验的允许误差不超过5%。

附录E

SMA配合比设计方法

E.1 一般规定

E.1.1 本方法适用SMA热拌沥青混合料目标配合比设计。

E.1.2 SMA沥青混合料配合比设计采用马歇尔试件的体积设计方法进行。

E.1.3 SMA沥青混合料目标配合比设计流程见图E.1.3。生产配合比设计可按照本方法规定的步骤进行。

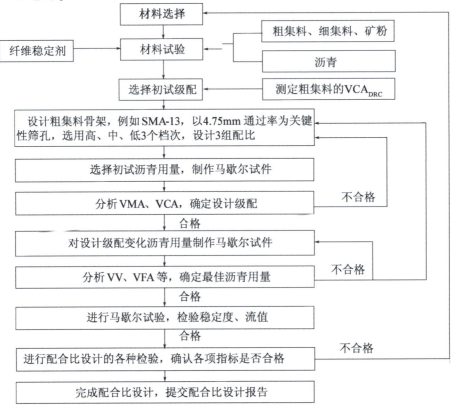

图 E.1.3 SMA-13 沥青混合料配合比设计流程

E.2 SMA配合比设计步骤

E.2.1 材料选择

1 用于配合比设计的粗集料、细集料、填料、纤维、抗剥落剂等材料的质量应符合本指南的规定。

2 SMA宜采用改性沥青,用于铺筑上面层的SMA,宜采用闪长岩、玄武岩或辉绿岩等磨光值高、耐磨性好的集料。

E.2.2 设计矿料级配的确定

1 SMA-13混合料的工程设计级配范围宜采用本指南表7.3.2规定的矿料级配范围,以4.75mm作为粗集料骨架的分界筛孔。

2 在工程设计级配范围内,调整各种矿料比例设计3组不同粗细的初试级配,3组级配4.75mm通过率应分别约为23%、27%、31%,0.075mm的通过率约为10%。

3 计算初试级配的矿料的合成毛体积相对密度γ_{sb}、合成表观相对密度γ_{sa}、有效相对密度γ_{se}。

4 将每个合成级配中小于粗集料骨架分界筛孔的集料筛除,按现行《公路工程集料试验规程》(JTG E42)的规定,用捣实法测定粗集料骨架的捣实堆积相对密度γ_s,按式(E.2.2-1)计算粗集料骨架混合料的平均毛体积相对密度γ_{CA}。

$$\gamma_{CA} = \frac{p_1 + p_2 + \cdots + p_n}{\dfrac{p_1}{\gamma_1} + \dfrac{p_2}{\gamma_2} + \cdots + \dfrac{p_n}{\gamma_n}} \quad (E.2.2\text{-}1)$$

式中:$p_1、p_2、\cdots、p_n$——粗集料骨架部分各种集料在全部矿料级配混合料中的配合比;

$\gamma_1、\gamma_2、\cdots、\gamma_n$——各种粗集料相应的毛体积相对密度。

5 按式(E.2.2-2)计算各组初试级配粗集料骨架捣实状态下的间隙率VCA_{DRC}。

$$VCA_{DRC} = \left(1 - \frac{\gamma_s}{\gamma_{CA}}\right) \times 100 \quad (E.2.2\text{-}2)$$

式中:VCA_{DRC}——粗集料骨架捣实状态下的间隙率(%);

γ_{CA}——粗集料骨架的毛体积相对密度;

γ_s——粗集料骨架的捣实堆积相对密度,等于捣实堆积密度与水的密度的比值。

6 选择制作马歇尔试件的初试油石比。初试油石比应根据矿料级配的平均毛体积相对密度选择。

7 按照选择的初试油石比和矿料级配制作SMA马歇尔试件,马歇尔标准击实的次数为双面各75次,一组马歇尔试件数目不少于6个,试件毛体积相对密度由表干法测定。

8 按式(E.2.2-3)计算不同级配条件下SMA混合料的最大理论相对密度γ_t,其中纤维部分的比例不得忽略。

$$\gamma_t = \frac{100 + p_a + p_x}{\frac{100}{\gamma_{se}} + \frac{p_a}{\gamma_a} + \frac{p_x}{\gamma_x}} \quad (\text{E.2.2-3})$$

式中：γ_{se}——矿料的有效相对密度；

p_a——沥青混合料的油石比(%)；

γ_a——沥青混合料的表观相对密度；

p_x——纤维用量，以矿料质量百分率计，由占沥青混合料总量百分率换算得到(%)；

γ_x——纤维稳定剂的相对密度，由供货商提供或由比重瓶实测。

9 按式(E.2.2-4)计算SMA马歇尔试件中的粗集料骨架间隙率VCA_{mix}。试件的各项体积指标空隙率VV、集料间隙率VMA、沥青饱和度VFA按现行《公路沥青路面施工技术规范》(JTG F40)中热拌沥青混合料设计方法中计算方法计算。

$$VCA_{mix} = 100 - \frac{\gamma_{mb}}{\gamma_{CA}} \times p_{CA} \quad (\text{E.2.2-4})$$

式中：p_{CA}——沥青混合料中粗集料的比例，即大于4.75mm的颗粒占沥青混合料的质量百分率(%)；

γ_{CA}——粗集料骨架的毛体积相对密度；

γ_{mb}——沥青混合料试件的毛体积相对密度，由表干法测定。

10 从3组初试级配试验结果中选择设计级配时，应符合$VCA_{mix} < VCA_{DRC}$及VMA > 17%的要求，当有1组以上的级配同时符合要求时，以粗集料骨架分界筛孔集料(4.75mm)通过率大且VMA较大的级配为设计级配。

E.2.3 确定最佳沥青用量或最佳油石比

1 根据所选择的设计级配和初试油石比试验的空隙率结果，以0.2%~0.4%为间隔，调整3个不同的油石比，制作马歇尔试件，计算空隙率等各项体积指标。

2 进行马歇尔稳定度试验，保证稳定度和流值符合本指南规定的技术要求。

3 稳定度和流值并不作为配合比设计可以接受或否决的唯一指标，容许根据同类型改性沥青SMA-13工程的经验予以调整。

4 根据期望的设计空隙率(通常为4%)，确定最佳油石比OAC。

E.2.4 配合比设计检验

1 根据所选择的设计级配和所确定的最佳油石比，进行混合料配合比设计检验，应符合本指南及现行《公路沥青路面施工技术规范》(JTG F40)的要求；不符合要求的，应重新进行配合比设计。

E.2.5 配合比设计报告

1 配合比设计结束后，应及时出具配合比设计报告。

E.3 SMA-13目标配合比设计实例

E.3.1 原材料检验

1 目标配合比所用SBS改性沥青、玄武岩集料、石灰岩填料、木质素纤维和抗剥落剂各项指标均符合本指南的要求,可以用于目标配合比设计。

2 粗集料、细集料、矿粉等的筛分结果和相对密度试验结果分别列于表E.3.1-1和表E.3.1-2。

各种矿料的筛分结果　　　　　　　　　　　　　　　　　表E.3.1-1

矿料	下列筛孔(mm)通过率(%)									
	16.0	13.2	9.5	4.75	2.36	1.18	0.6	0.3	0.15	0.075
1号	100	80.5	9.3	0.8	0.7	0.7	0.7	0.7	0.7	0.7
2号	100	100	99.8	13.7	1.6	1.6	1.6	1.6	1.6	1.6
4号	100	100	100	100	89.8	68.8	39.0	18.0	12.1	7.0
矿粉	100	100	100	100	100	100	100	100	99.3	84.5

注:本实例矿料级配设计未采用3号料(2.36~4.75mm)。

集料密度试验结果　　　　　　　　　　　　　　　　　表E.3.1-2

材料	1号	2号	4号	矿粉
表观相对密度	2.997	2.988	2.942	2.650
毛体积相对密度	2.990	2.876	—	—
吸水率(%)	1.1	1.3	—	—

E.3.2 矿料级配组成计算

1 根据各种矿料的筛分结果和SMA-13要求的级配范围,确定SMA-13的3种级配A、B、C,4.75mm筛孔通过率分别为28.7%、25.6%、23.9%,3种级配设计组成见表E.3.2-1。分别测定3种级配的VCA_{DRC},按油石比6.0%、木质素纤维用量为沥青混合料质量的0.3%拌制SMA混合料,双面击实75次制作试件,测定VCA_{mix}及VMA等指标;在满足VCA_{mix}小于VCA_{DRC}和VMA大于17%的基础上确定级配,测试结果见表E.3.2-2和表E.3.2-3。

三种级配的设计组成结果　　　　　　　　　　　　　　　表E.3.2-1

级配类型 (1号:2号:4号:粉)	下列筛孔(mm)通过率(%)									
	16.0	13.2	9.5	4.75	2.36	1.18	0.6	0.3	0.15	0.075
级配A(44:32:14:10)	100	91.4	60.0	28.7	23.4	20.5	16.3	13.3	12.4	10.3
级配B(45:34.5:10.5:10)	100	91.2	59.1	25.6	20.3	18.1	15.0	12.8	12.1	10.1
级配C(45:36.5:8.5:10)	100	91.2	59.1	23.9	18.5	16.7	14.2	12.4	11.9	9.9
级配范围上限	100	100	75	34	26	24	20	16	15	12
级配范围下限	100	90	50	20	15	14	12	10	9	8

VCA$_{DRC}$测试结果　　　　　　　　　　　　　　　　　　　　　　　　表 E.3.2-2

级配类型	粗集料捣实密度(g/m³)	4.75mm 通过百分率(%)	粗集料毛体积密度(g/m³)	VCA$_{DRC}$(%)
级配 A	1.650	28.7	2.800	41.1
级配 B	1.640	25.6	2.800	41.4
级配 C	1.646	23.9	2.799	41.2

初试级配的体积分析　　　　　　　　　　　　　　　　　　　　　　　　表 E.3.2-3

级配类型	油石比(%)	最大理论相对密度	毛体积相对密度	空隙率(%)	VMA(%)	VFA(%)	VCA$_{min}$(%)
级配 A	6.0	2.624	2.538	3.3	17.2	80.9	41.1
级配 B	6.0	2.624	2.514	4.2	18.0	76.7	39.1
级配 C	6.0	2.626	2.493	5.1	18.7	73.0	38.2
技术要求	—	—	—	3.0~4.5	≥17	75~85	≤VCA$_{DRC}$

2　由表 E.3.2-2 和表 E.3.2-3 可知，级配 B 满足饱和度、VCA$_{mix}$小于 VCA$_{DRC}$和 VMA 大于 17% 的要求，因此选择级配 B 为设计级配。确定的设计级配曲线见图 E.3.2。最大理论相对密度用计算法获得。

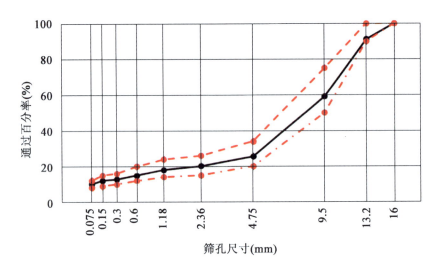

图 E.3.2　SMA-13 配合比级配曲线

E.3.3　马歇尔稳定度试验

1　按设计级配 B 称取矿料，采用 3 种油石比拌制 SMA 沥青混合料，采用双面击实 75 次成型马歇尔试件，进行马歇尔稳定度试验，试验结果列于表 E.3.3。

沥青混合料马歇尔试验结果　　　　　　　　　　　　　　　　　　　　　表 E.3.3

级配类型	油石比(%)	稳定度(kN)	流值(0.1mm)	VMA(%)	空隙率(%)	VCA$_{min}$(%)	VFA(%)	毛体积相对密度	最大理论相对密度
SMA-13	5.8	8.56	32.7	18.2	4.9	39.3	73.0	2.502	2.631

续上表

级配类型	油石比(%)	稳定度(kN)	流值(0.1mm)	VMA(%)	空隙率(%)	VCA_{min}(%)	VFA(%)	毛体积相对密度	最大理论相对密度
SMA-13	6.1	8.58	33.6	18.0	4.0	39.1	77.8	2.516	2.621
	6.4	9.42	41.6	18.1	3.3	38.9	81.5	2.530	2.617
技术要求	≥6.0	20~50	≥17	3.0~4.5	≤VCA_{DRC}	75~85	—	—	

E.3.4 最佳油石比的确定

根据SMA混合料设计要求和实际工程情况,本次设计中空隙率为4.0%时,油石比为6.1%,且其他指标(VMA、VCA、稳定度、饱和度等)均满足设计要求,故确定6.1%为最佳油石比。

E.3.5 混合料配合比设计检验

1 析漏试验。试验温度(185±2)℃,保温1h后进行析漏测试,结果列于表E.3.5-1。

析漏试验结果　　　　　表E.3.5-1

级配类型	油石比(%)	析漏(%)				要求
		1	2	3	平均	
SMA-13	6.1	0.08	0.07	0.05	0.07	≤0.10

2 肯塔堡飞散试验。将成型的马歇尔试件(双面击实50次)在(20±0.5)℃水温下浸泡20h,然后采用洛杉矶磨耗试验机旋转300次进行飞散测试,结果列于表E.3.5-2。

飞散试验结果　　　　　表E.3.5-2

级配类型	油石比(%)	飞散率(%)					要求
		1	2	3	4	平均	
SMA-13	6.1	8.2	7.1	7.5	9.6	8.1	≤15

3 抗水损害试验。为了检验沥青混合料的抗水损害性能,分别进行最佳油石比下的SMA-13沥青混合料的浸水马歇尔试验和冻融劈裂试验,试验结果见表E.3.5-3和表E.3.5-4。

浸水马歇尔试验结果　　　　　表E.3.5-3

级配类型	马歇尔稳定度(kN)	浸水马歇尔稳定度(kN)	残留稳定度(%)	要求(%)
SMA-13	8.69	8.29	95.4	≥85

冻融劈裂试验结果　　　　　表E.3.5-4

级配类型	非条件劈裂强度(MPa)	条件劈裂强度(MPa)	劈裂强度比(%)	要求(%)
SMA-13	0.5138	0.4237	82.5	≥80

4 动稳定度试验。分别在(60±1)℃、(0.7±0.05)MPa和(70±1)℃、(0.7±0.05)MPa条件下进行车辙试验,检验高温稳定性。动稳定度试验结果见表E.3.5-5。

车辙试验动稳定度 表 E.3.5-5

级配类型	油石比(%)	试验条件	车辙动稳定度(次/mm)				
			1	2	3	平均	要求
SMA-13	6.1	(60±1)℃、(0.7±0.05)MPa	9545	8182	8750	8826	≥6000
		(70±1)℃、(0.7±0.05)MPa	4500	3500	3938	3979	≥3500

E.3.6 配合比设计报告

1 通过混合料级配调试和相关检验试验,表明所设计的 SMA-13 型沥青混合料的抗水损害性能、高温稳定性能均符合现行《公路沥青路面施工技术规范》(JTG F40)要求,可用于 SMA-13 混合料生产配合比设计。矿料配合比及最佳油石比见表 E.3.6。

矿料配合比及最佳油石比 表 E.3.6

级配类型	油石比(%)	下列各种矿料所占比例(%)			
		1号	2号	4号	矿粉
SMA-13	6.1	45	34.5	10.5	10

附录F

三维探地雷达探测既有道路路面病害及结构层厚度方法

F.1 适用范围

F.1.1 本方法适用于现场采用三维探地雷达无损、快速检测路面内部结构损坏状况，路面各结构层厚度及厚度分布状况。

F.2 仪具技术要求

F.2.1 三维探地雷达系统由承载车、发射和接收天线阵、距离标定传感器、定位系统及雷达主机等组成。三维探地雷达系统应满足以下要求：
1 最小探测深度≤2cm。
2 纵向分辨率≤2.5cm，横向分辨率≤7.5cm，深度方向分辨率≤0.3ns。
3 距离标定误差≤0.1%。
4 定位系统精度≤1cm。

F.3 方法与步骤

F.3.1 准备工作
1 测试前应收集道路设计图纸等资料，以确定实施性检测方案。
2 牢固安装天线、距离标定传感器及定位系统等部件，用连接线连接雷达主机，并按要求开机预热。
3 按要求进行距离标定和定位系统校准。
4 根据测试目的，设置采样间隔、时间窗、增益等参数。

F.3.2 测试步骤

1 根据实际情况,在现场将待检区域划分为 n 个固定宽度为 b(宜为 1~2m)的检测道,依次将检测道编号为 1、2、…、n。

2 开启安全警示灯,将天线正下方对准待检区域起点,启动软件测试程序,缓慢加速承载车至正常测试速度。

3 以一定的速度逐条扫描 n 个检测道,检测过程中应记录每个数据矩阵对应的检测道编号及起点、终点桩号。

4 测试过程中,操作人员应标记测试路段内桥梁、隧道等构造物的起点、终点。

5 检测完成后,按现行《公路路基路面现场测试规程》(JTG 3450)规定的检测方法,在检测区域内随机钻取芯样进行厚度标定。标定芯样高度应不低于所测结构层厚度,芯样数量应保证厚度标定结果的代表性和准确性。

6 待承载车到达安全区域后,操作人员应及时检查数据文件及内容,如出现异常应重新测试。

7 关闭三维探地雷达系统电源,结束检测工作。

F.4 数据处理

F.4.1 病害检测数据处理

1 在三维探地雷达系统自带的自动分析软件中创建一个新的工作文件。

2 将三维探地雷达现场检测的数据文件加载到分析软件中。

3 选择要分析的路段,设置数据处理参数,并执行数据处理。

4 设置分析数据的显示参数,包括色度、对比度等。

5 根据软件界面显示的雷达数据图像,判断第 3 步和第 4 步的参数设置是否合适;若不合适,则返回至第 3 步重新设置。

6 在软件界面显示的三维雷达数据纵断面图像上创建路面结构层的分界面,结合三维雷达数据纵断面、水平面及横断面的图像特征,参考表 F.4.1 对路面结构内部损坏进行判读和标记。

路面内部损坏判读依据表　　　　表 F.4.1

损坏类型	不同断面图像特征			典型实例
	纵断面	水平面	横断面	
裂缝	辅助判读	存在裂缝状图像	辅助判读	

续上表

损坏类型	不同断面图像特征			典型实例
	纵断面	水平面	横断面	
层间黏结失效	同相轴位置不合理	辅助判读	辅助判读	
	同相轴小范围高亮	无高亮现象	辅助判读	
脱空	均匀介质小范围同相轴	高亮现象	辅助判读	
	抛物线图像	高亮现象	辅助判读	
松散	多点反射,波形较乱	辅助判读	辅助判读	
管道	抛物线图像	管(带)状特征	辅助判读	

7 输出结果包括路面各结构层分界线的双程时程数据、内部结构损坏状况分布数据及地图显示等。

8 保存工作文件。

F.4.2 厚度检测数据处理

1 三维探地雷达厚度检测数据处理可参照现行《公路路基路面现场测试规程》

(JTG 3450)T 0913 的规定执行。

2 按照现行《公路路基路面现场测试规程》(JTG 3450)附录 B 的规定,计算检测区域的路面结构层的厚度平均值、标准差,计算厚度代表值。

3 可根据现行《公路工程质量检验评定标准 第一册 土建工程》(JTG F80/1)中对结构层厚度的要求值,计算检测区域路面结构层厚度低于要求值(偏薄)与处于要求值范围(正常)的比例。

F.5 报告

F.5.1 病害检测结果报告

1 检测区域路段信息(起止桩号、路面结构组合与材料信息等)。

2 检测区域路面结构内部不同深度或结构层位置的损坏状况(损坏类型、桩号、偏离行车道标线边缘的横向距离范围、距路表的深度范围等)统计表。

3 检测区域不同深度位置代表性的三维探地雷达检测影像平面图与损坏分布平面示意图。

F.5.2 厚度检测结果报告

1 检测区域路段信息(起止桩号、路面结构层材料类型等)。

2 电磁波在路面结构层中的传播速度、路面结构层厚度。

3 检测区域的厚度平均值、标准差、代表值。

4 检测区域厚度(偏薄和正常区域)的分布状况示意图。

5 检测区域厚度的分布(偏薄和正常区域)比例示意图。

附录 G

质量通病及防治

G.1 水泥稳定级配碎石基层松散

G.1.1 主要原因分析
1 水泥稳定级配碎石的设计强度过低。
2 混合料拌和均匀性差或水泥剂量不足。
3 混合料摊铺、碾压不及时,混合料延迟时间过长。
4 养生不及时、养生方式不合理。
5 强度不足或过早开放交通。
6 开放交通后车辆超载运输。

G.1.2 防治措施
1 水泥稳定级配碎石的设计强度不宜低于 3MPa。
2 采用双拌缸拌和或振动搅拌,提高基层混合料的均匀性。
3 定期对拌和机的计量系统进行标定,保证水泥的计量符合设计要求。
4 保证水泥稳定级配碎石的延迟时间在水泥的初凝时间之前。
5 及时覆盖保水养生并进行交通管制。
6 严禁大型超载运输车在基层上通行。

G.2 水泥稳定级配碎石(底)基层开裂严重

G.2.1 主要原因分析
1 水泥稳定级配碎石级配不佳,0.075mm 通过率偏大。
2 水泥用量偏大,含水率偏大。
3 混合料拌和均匀性差。

4　养生不及时、养生方式不合理。
5　强度不足或过早开放交通。
6　开放交通后车辆超载运输。
7　水稳基层暴露时间长,暴露期间温差较大。

G.2.2　防治措施

1　水泥稳定级配碎石采用骨架密实型级配。
2　水泥采用低强度等级水泥,用量上限不超过5%。
3　合成级配0.075mm筛孔以下的含量不超过5%。
4　碾压时含水率不超过允许范围。
5　水泥稳定级配碎石采用振动成型法设计,提高抗裂性能。
6　采用双拌缸拌和或振动搅拌,提高基层混合料的均匀性及抗裂性。
7　及时覆盖保水养生并进行交通管制。
8　严禁"前四后八"的大型超载运输车在(底)基层上通行。
9　采取措施确保水稳基层强度满足要求。
10　施工过程中要采取措施,防止停机等料。
11　应尽量缩短水稳基层暴露时间,水稳基层养生完毕,应尽快施工上承层。

G.3　路面结构层整体性差

G.3.1　主要原因分析

1　路面结构层污染严重。
2　上、下基层之间未洒布水泥浆。
3　改性乳化沥青施工温度偏低,防水黏结层洒布量偏小。
4　施工过程中防雨措施不足。
5　碎石封层洒布不均匀。
6　透层油、黏层油质量偏差。

G.3.2　防治措施

1　路基全断面交验,交验路段长度不少于2km。
2　"零污染"施工组织。路基上、下边坡防护与绿化、排水工程宜在该段水泥稳定级配碎石层施工前完成;护栏底座、中央分隔带填土、土路肩填土等容易污染路面的工序应在沥青层施工前全部完成。
3　上、下基层之间应撒布水泥浆,增加基层的整体性。
4　采用合格的改性乳化沥青,施工时重点控制施工温度、防水黏结层的洒布量。
5　施工过程中做好防雨措施。
6　采取措施,确保碎石封层洒布均匀。
7　采取措施,确保透层油、黏层油质量满足规范及设计要求。

G.4 沥青混合料离析

G.4.1 主要原因分析
1 集料加工时筛网配置不合理,生产的集料规格不符合要求。
2 集料储存过程中过湿、含水率过大。
3 拌和时间短,没有搅拌均匀。
4 没有按规范的方法装料、卸料。
5 摊铺机的参数设置不正确。
6 摊铺机频繁收斗。
7 摊铺机停机等料。

G.4.2 防治措施
1 集料加工时,根据混合料类型,合理设置振动筛的筛网尺寸,生产规格符合要求的集料。
2 采用可靠的拌和设备进行混合料拌和。
3 保证混合料干拌及湿拌的时间。
4 定期检查拌和叶片的磨损情况,及时更换拌和叶片。
5 沥青混合料应采取 5 次装料法进行装料,防止卸料过程产生离析。
6 摊铺机的参数应正确设置。
7 施工过程中要采取措施,防止停机等料。

G.5 沥青路面坑槽类损坏

G.5.1 主要原因分析
1 集料生产及储存过程中潮湿。
2 集料吸水率过大,大于2%。
3 集料的含泥量过大或集料与沥青黏附性不足。
4 沥青混合料的级配设计不合理。
5 沥青混合料的油石比偏低。
6 沥青混合料出现颗粒粗离析。
7 碾压工艺不佳,压实度不足,现场空隙率偏大。
8 温度离析导致压实度不足。
9 路面排水系统不完善。
10 芯洞修补不良。

G.5.2 防治措施
1 集料破碎、振动筛等环节应采用引风式除尘设备进行除尘,控制集料的粉尘含量。
2 粗、细集料均应进行覆盖,防止集料含水率过大。

3 采用吸水率低的集料(吸水率小于2%)生产沥青混合料。

4 沥青混合料应采用1.0%~2.0%的水泥作为部分填料,增强混合料的抗车辙及抗水损害能力。

5 沥青混合料设计时,采用合适的油石比,性能检验增加高温浸水飞散试验,检验沥青混合料的水稳定性。

6 加强沥青路面施工时碾压工序的控制,保证沥青路面的压实度符合要求。

7 桥面铺装的复压宜采用轮胎压路机或振荡压路机进行碾压,提高桥面沥青铺装的压实度。

8 宜采用沥青路面全断面渗水状况检测系统,检测新铺沥青路面的渗水状况。

9 完善路面的排水系统,防止路面结构层内部积水。

10 芯洞应认真修补、压实。

G.6 沥青路面车辙类损坏

G.6.1 主要原因分析

1 沥青高温性能差,软化点低。
2 集料压碎值偏高,粉尘含量大。
3 沥青混合料级配设计不合理,油石比偏大,高温稳定性不足。
4 沥青路面的压实度不足。
5 路面基层强度不足。
6 开放交通过早。
7 开放交通后车辆超载运输。

G.6.2 防治措施

1 采用性能良好的沥青及优质集料,用于沥青面层混合料。
2 沥青混合料添加1.0%~2.0%水泥作为部分填料,以增强混合料的抗车辙能力。
3 在混合料设计方面,采用合理的级配、油石比,采用GTM设计法或70℃动稳定度试验验证混合料高温性能。
4 沥青混合料拌和过程中,应采用布袋除尘,控制沥青混合料的粉尘含量。
5 应充分压实,保证沥青混合料的压实度,防止因压实不足而产生压密性车辙。
6 禁止超载运输车辆在新铺的沥青路面上行驶。
7 保证基层强度。

G.7 沥青路面抗滑耐久性不足

G.7.1 主要原因分析

1 磨耗层用集料的磨耗值、磨光值指标不佳、耐磨性不好。

2 磨耗层混合料类型选择不当,长期抗滑性能不足。

3 磨耗层沥青混合料设计不合理,长期抗滑性能考虑不足。

G.7.2 防治措施

1 沥青上面层集料应优先选用辉绿岩、玄武岩、闪长岩等磨耗值小、磨光值高、耐磨性好的岩石加工。

2 应根据公路的交通量及荷载组成选择磨耗层的类型,对于交通量大、重载车辆较多的路面应采用抗滑耐久性好的 SMA-13 或 SMA-10、HET 等作为磨耗层。

3 上面层沥青混合料设计时,应综合考虑沥青混合料的高温性能、水稳性能及抗滑性能。

4 磨耗层试验段完成后应测试路面横向力系数 SFC,并根据检测结果对配合比进行优化。

G.8 沥青路面平整度不佳

G.8.1 主要原因分析

1 基层的平整度差。

2 沥青面层用集料备料不足,不能连续生产。

3 沥青混合料设计不合理,混合料的骨架不强,混合料施工时容易产生推移。

4 摊铺机功率不足、熨平板调整不到位、振捣参数设置不合理、停机过多。

5 摊铺机找平方式不合理。

6 碾压工艺不合理,压路机随意停机,碾压交界段的平整度差。

7 施工连续性不佳,停机等料及接缝过多等。

8 沥青混合料摊铺前未对基层或者沥青面层进行清扫。

G.8.2 防治措施

1 各结构层正式施工前,材料储量应满足连续施工的需要,基层集料备料应达到该结构层所需总量 30% 以上,沥青面层集料应达到该结构层所需总量的 40% 以上。

2 路面施工大型机械设备实行准入制,路面工程应树立"以设计选设备,以设备保工艺,以工艺保质量"的指导思想。

3 沥青混合料拌和生产与摊铺生产应均衡、匹配,保证施工过程中的连续性,减少停机及施工接缝,以保证沥青路面的平整性。

4 应充分调整摊铺机的参数,达到最佳工作性能,尽量提高沥青混合料摊铺的密实度,保证摊铺面的平整性。

5 摊铺机尽量保持匀速行驶,保证摊铺的均匀性。

6 摊铺时应有专人指挥运输车卸料,严禁运输车卸料时撞击摊铺机。

7 压路机严禁在未碾压完成的沥青层表层停机、紧急制动及快速起步。

8 沥青混合料摊铺前对基层或者沥青面层进行清扫。

G.9 水泥路面平整度不佳

G.9.1 主要原因分析
1 混凝土配合比波动大,强度形成过程中收缩不均匀。
2 混凝土布料不均匀。
3 振捣不实或振捣过度,或提浆刮平不好。
4 混凝土摊铺机械老化、功率不足,滑模摊铺机挤压板变形较大。
5 模板的平整度不佳。
6 胀缩缝和施工缝材料老化。

G.9.2 防治措施
1 加强后场材料管理,拌和前应抽检材料含水率,拌和时及时增减用水量。
2 混凝土拌和均匀,对拌和不均匀或运输过程中发生离析的混合料,摊铺前应重新翻拌均匀。
3 选用减水效果好、性能稳定的高效减水剂,保证混凝土施工和易性,加强混凝土坍落度损失检测。
4 模板使用前应检查变形情况,并打磨修复,清除杂质。
5 严禁过振,防止漏振。
6 施工过程中应做好施工组织,保持匀速摊铺。
7 施工前仔细调试摊铺机械,施工后及时清洗维护。
8 及时更换混凝土接缝材料,做好日常养护工作。

G.10 水泥路面抗滑性能不足

G.10.1 主要原因分析
1 混凝土配合比不当,水灰比偏大,表面砂浆不耐磨。
2 随着水泥研磨技术的提升,水泥耐磨性下降。
3 混凝土未选用质地洁净的河砂或河砂性能指标未达到规范要求。
4 洒水收面,混凝土表层水泥浮浆过多。
5 用以制作微观构造的粗麻布长度不够。
6 隧道内部温度、湿度与露天环境相差较大,易在混凝土表面形成蜡质层。

G.10.2 防治措施
1 进行混凝土配合比设计时,尽量减小水灰比。
2 严格控制原材料性能,宜选用耐磨耗性能更好的道路硅酸盐水泥。
3 施工时严禁洒水收面。
4 混凝土表面细观纹理宜在精平后的湿软表面,使用钢支架拖挂 1~3 层叠合麻布、帆布等布片拖出,布片接触路面长度宜为0.7~1.5m,细度模数较大的粗砂,接触长度宜取小值;细度模数较小的细砂,接触长度宜取大值。微观构造深度宜大于0.5mm。

5 加强隧道水泥混凝土路面抗滑性能检测,采取精铣刨、纹理化、抛丸或加铺薄层沥青罩面等方法,对抗滑性能不足的路段进行处治。

6 必须采用水泥混凝土路面时,可采用露石水泥混凝土路面,以提高路面的抗滑性能。

G.11 路面拼接不良

G.11.1 主要原因分析
1 既有道路硬路肩铣刨不充分,存在夹层。
2 铣刨台阶松散,搭接处工作面未清理干净,存在松散碎石。
3 既有道路基层铣刨台阶垂直面、水平面水泥净浆洒布不足。
4 搭接处防反射裂缝材料铺设宽度不足,且未固定。
5 搭接处碾压工艺不佳,压实度不足。
6 软弱路床未彻底处理。

G.11.2 防治措施
1 铣刨过程中设专人控制铣刨深度,台阶铣刨厚度宜比对应的既有道路路面结构层厚度大,减少夹层。
2 铣刨施工结束后,采用机械或人工方式对铣刨台阶进行清扫,铣刨台阶的损坏应修整成规整形状。
3 摊铺扩建路面水稳层时,宜对既有道路水稳层铣刨台阶垂直面、水平面均匀撒布水泥净浆。
4 防反射裂缝材料应铺设平整顺直并固定,保证宽度足够。
5 拼接部位水泥稳定级配碎石基层摊铺、碾压过程中,应采用人工补料等方式,防止拼接缝位置空隙过大、碾压不密实。
6 控制压路机碾压的速度、振动频率,减少振动压路机对既有道路基层产生扰动破坏。
7 合理选择软弱路床补强施工方案,并加强施工质量控制。